Paulo Coelho

Como el río que fluye

Biblioteca Paulo Coelho

Paulo Coelho

Como el río que fluye

Traducción de Carlos Manzano de Frutos

 Planeta

Coelho, Paulo
    Como el río que fluye.- 1ª. ed. – Buenos Aires : Planeta, 2007.
    304 p. ; 23x15 cm.

    Traducido por: Carlos Manzano de Frutos

    ISBN 978-950-49-1748-9

    1. Narrativa Brasileña I. Carlos Manzano de Frutos, trad.
II título
    CDD B869.3

Derechos exclusivos de edición en castellano
reservados para Argentina, Uruguay, Chile y Paraguay:
© 2007, Grupo Editorial Planeta S.A.I.C.
Independencia 1668, C 1100 ABQ, Buenos Aires
www.editorialplaneta.com.ar

1ª edición argentina: septiembre de 2007

ISBN 978-950-49-1748-9

Impreso en Quebecor World Pilar S.A.,
Calle 8 y 3, Parque Industrial Pilar, Buenos Aires,
en el mes de agosto de 2007.

Hecho el depósito que prevé la ley 11.723
Impreso en la Argentina

Ser como el río que fluye
silencioso en medio de la noche.
No temer las tinieblas de la noche.
Si hay estrellas en el cielo, reflejarlas.
Y, si los cielos se cubren de nubes,
como el río, las nubes son agua;
reflejarlas también sin pena
en las profundidades tranquilas.

Manoel Bandeira

Cuando yo tenía quince años, dije a mi madre:

—He descubierto mi vocación. Quiero ser escritor.

—Hijo mío —me respondió ella, con expresión triste—, tu padre es ingeniero. Es un hombre lógico, razonable, con una visión precisa del mundo. ¿Sabes tú lo que es ser escritor?

—Alguien que escribe libros.

—Tu tío Haroldo, que es médico, también escribe libros y ya ha publicado algunos. Ve a la Escuela de Ingeniería y ya tendrás tiempo de escribir en los ratos libres.

—No, mamá. Yo quiero ser sólo escritor, no un ingeniero que escribe libros.

—Pero, ¿has conocido ya a algún escritor? ¿Has visto a un escritor alguna vez?

—Nunca. Sólo en fotografías.

—Entonces, ¿cómo es que quieres ser escritor, sin saber exactamente lo que es eso?

Para poder responder a mi madre, decidí hacer una investigación. Esto es lo que descubrí sobre lo que era ser escritor a comienzos del decenio de 1960:

a) Un escritor siempre usa gafas y no se peina bien. Pasa la mitad del tiempo enojado con todo y la otra mitad deprimido. Vive en bares, discutiendo con otros escritores con gafas y despeinados. Habla de una forma difícil de entender. Tiene siempre ideas fantásticas para su próxima novela y detesta la que acaba de publicar.

b) Un escritor tiene el deber y la obligación de no ser comprendido jamás por su generación... o nunca llegará a ser considerado un genio, pues está convencido de haber nacido en una época en la que impera la mediocridad. Un escritor siempre hace varias revisiones y cambios en cada frase que escribe. El vocabulario de un hombre común y corriente se compone de 3.000 palabras; un verdadero escritor jamás las utiliza, ya que existen otras 189.000 en el diccionario y él no es un hombre común y corriente.

c) Sólo otros escritores comprenden lo que quiere decir un escritor. Aun así, detesta en secreto a los otros escritores, ya que se disputan las mismas oportunidades que la historia de la literatura brinda a lo largo de los siglos. Conque el escritor y sus pares se disputan el trofeo del libro más complicado: se considerará el mejor al que consiga ser más difícil.

d) Un escritor entiende de temas cuyos nombres asustan: semiótica, epistemología, neoconcretismo. Cuando desea sorprender a alguien, dice cosas así: «Einstein era un burro» o «Tolstói es el payaso de la burguesía». Todos se escandalizan, pero repiten a los otros que la Teoría de la Relatividad está equivocada y que Tolstói defendía a los aristócratas rusos.

e) Un escritor, para seducir a una mujer, dice: «Soy escritor», y escribe un poema en una servilleta: siempre da resultado.

f) Gracias a su inmensa cultura, un escritor siempre consigue un empleo de crítico literario. En ese momento es en el que demuestra su generosidad, escribiendo sobre los libros de sus amigos. La mitad de la crítica está compuesta de citas de autores extranjeros; la otra mitad son análisis de frases, empleando siempre términos como «el corte epistemológico» o «la visión integrada en un eje correspondiente». Quien lee la crítica comenta: «¡Qué persona más culta!», y no compra el libro, porque no va a saber cómo continuar la lectura cuando aparezca el corte epistemológico.

g) Cuando le piden que diga qué está leyendo en ese momento, un escritor siempre cita un libro del que nadie ha oído hablar.

h) Sólo existe un libro que despierta la admiración unánime del escritor y sus pares: *Ulises* de James Joyce. El escritor nunca habla mal de este libro, pero, cuando alguien le pregunta de qué trata, no consigue explicarlo exactamente, con lo que hace dudar de que de verdad lo haya leído. Es un absurdo que *Ulises* nunca sea reeditado, ya que todos los escritores lo citan como una obra maestra; tal vez se deba a la estupidez de los editores, que desaprovechan la oportunidad de ganar mucho dinero con un libro que todo el mundo ha leído y apreciado.

Provisto de todas esas informaciones, volví a hablar con mi madre y le expliqué exactamente lo que era un escritor. Ella se quedó un poco extrañada.

—Es más fácil ser ingeniero —dijo—. Además, tú no llevas gafas.

Pero yo ya estaba despeinado, llevaba mi cajetilla de Gauloises en el bolsillo y una obra de teatro bajo el brazo (*Límites de la resistencia*, que, para alegría mía, un crítico calificó de «el espectáculo más loco que he visto»), estudiaba a Hegel y estaba decidido a leer *Ulises* a toda costa. Hasta el día en que apareció un cantante de rock, me pidió que compusiera las letras de sus canciones, me retiré de la búsqueda de la inmortalidad y me colocó de nuevo en el camino de las personas comunes y corrientes.

Eso me hizo recorrer muchos lugares y cambiar más de países que de zapatos, como decía Bertolt Brecht. En las páginas que siguen, relatos de algunos momentos vividos por mí, historias que me contaron, reflexiones que concebí mientras recorría determinada etapa del río de mi vida.

Estos textos ya fueron publicados en diversos periódicos del mundo y han sido recopilados a petición de los lectores.

EL AUTOR

En el momento presente, mi vida es una sinfonía compuesta de tres movimientos distintos: «muchas personas», «algunas personas» y «casi nadie». Cada uno de ellos dura aproximadamente cuatro meses por año, se mezclan con frecuencia durante el mismo mes, pero no se confunden.

«Muchas personas» son los momentos en que estoy en contacto con el público, los editores, los periodistas. «Algunas personas» ocurre cuando voy a Brasil, me reúno con mis amigos de siempre, camino por la playa de Copacabana, asisto a uno u otro acontecimiento social, pero generalmente me quedo en casa.

Ahora bien, mi intención hoy es la de divagar un poco sobre el movimiento «casi nadie». En este momento ya ha caído la noche en este pueblo de los Pirineos con doscientos habitantes, cuyo nombre prefiero mantener en secreto y donde hace poco compré un antiguo molino transformado en casa. Me despierto todas las mañanas con el canto del gallo, tomo mi café y salgo a caminar entre las vacas, los corderos, las plantaciones de maíz y de heno. Contemplo las montañas y −al contrario que en el movimiento «muchas personas»− nunca procuro pensar en quién soy. No tengo preguntas ni respuestas, vivo por entero en el momento presente, por entender que el año tiene cuatro estaciones (sí, puede parecer obvio, pero a veces lo olvidamos) y yo me transformo con el paisaje circundante.

En este momento, no me interesa demasiado lo que ocurre en Iraq o en Afganistán: como cualquier otra persona que vive en el interior, las noticias más importantes son las relacionadas con la meteorología. Todos los que viven en el pueblo saben si va a llover, hacer frío, soplar mucho viento, ya que eso afecta directamente a sus vidas, sus planes, sus cosechas. Veo a un labrador que está ocupándose de su campo, nos deseamos «Buenos días», hablamos de las previsiones sobre el tiempo y seguimos haciendo lo que estábamos haciendo: él con su arado y yo con mi largo paseo.

Vuelvo, miro el buzón del correo, ahí está el periódico de la región; hay un baile en la aldea vecina y una conferencia en un bar de Tarbes —la ciudad grande, con sus cuarenta mil habitantes—; llamaron a los bomberos, porque por la noche se quemó un basurero. El asunto que moviliza la región es el de un grupo acusado de cortar los plátanos de una carretera rural, porque causaron la muerte de un motorista; esta noticia ocupa una página entera y varios días de reportajes sobre el «comando secreto» que quiere vengar la muerte del muchacho destruyendo los árboles.

Me tumbo junto al arroyo que corre en mi molino. Miro el cielo sin nubes en este verano aterrador, con cinco mil muertos tan sólo en Francia. Me levanto y voy a practicar *kyudo*, la meditación con arco y flecha, que ocupa más de una hora de mi día. Ya es hora de almorzar: hago una comida ligera y de repente noto que ahí, en una de las dependencias de la antigua construcción, hay un objeto extraño, con pantalla y teclado, conectado —maravilla de maravillas— con una línea de altísima velocidad, también llamada ADSL. Sé que, en el momento en que pulse un botón del aparato, el mundo vendrá a mi encuentro.

Resisto todo lo posible, pero llega el momento, mi dedo toca el mando «conectar» y aquí estoy de nuevo conectado con el mundo, los artículos de los periódicos brasileños, los libros, las entrevistas que conceder, las noticias de Iraq, de Afganistán, las peticiones, el aviso de que el billete de avión llega mañana, las decisiones que aplazar, las decisiones que adoptar.

Trabajo varias horas, porque es lo que he elegido, porque es mi Leyenda Personal, porque un Guerrero de la Luz sabe que tiene deberes y responsabilidades, pero en el movimiento «casi nadie» todo lo que está en la pantalla del ordenador está muy lejos, del mismo modo que el molino parece un sueño, cuando estoy en los movimientos «muchas personas» o «algunas personas».

El sol empieza a ocultarse, pulso el botón para desconectar, el mundo vuelve a ser sólo el campo, el perfume de las hierbas, el mugido de las vacas, la voz del pastor que trae de regreso sus ovejas al corral, junto al molino.

Me pregunto cómo puedo pasear por dos mundos tan diferentes en un solo día: no tengo respuesta, pero sé que eso me da mucho placer y estoy contento mientras escribo estas líneas.

El hombre que seguía sus sueños

Yo nací en la Casa de Salud São José, en Río de Janeiro. Como fue un parto bastante complicado, mi madre me consagró al santo y le pidió que me ayudara a vivir. José pasó a ser una referencia para mi vida y desde 1987, año siguiente a mi peregrinación a Santiago de Compostela, doy una fiesta en su homenaje, el 19 de marzo. Invito a amigos y personas trabajadoras y honradas y antes de la comida rezamos por todos aquellos que procuran mantener la dignidad en lo que hacen. Oramos también por los que se encuentran desempleados, sin perspectiva alguna para el futuro.

En la pequeña introducción que hago antes de la plegaria, acostumbro a recordar que, de las cinco veces que la palabra «sueño» aparece en el Nuevo Testamento, cuatro se refieren a José, el carpintero. En todos esos casos, siempre hay un ángel convenciéndolo para que haga exactamente lo contrario de lo que estaba planeando.

El ángel le pide que no abandone a su mujer, aunque esté encinta. Él podía decir cosas como: «¿Qué pensarán los vecinos?», pero vuelve a casa y cree en la palabra revelada.

El ángel lo envía a Egipto y su respuesta podría haber sido: «Pero yo ya estoy aquí establecido como carpintero, tengo mi clientela, no puedo dejar todo de lado ahora.» En cambio, recoge sus cosas y parte hacia lo desconocido.

El ángel pide que vuelva de Egipto y José podría haber pensado de nuevo: «¿Precisamente ahora que he conseguido estabilizar de nuevo mi vida y tengo una familia a la que mantener?»

Al contrario de lo que ordena el sentido común, José sigue sus sueños. Sabe que tiene un destino que cumplir, que es el destino de casi todos los hombres en este planeta: proteger y mantener a su familia. Como millones de Josés anónimos, procura cumplir con su tarea, aun teniendo que hacer cosas que distan mucho de su comprensión.

Más adelante, tanto su mujer como uno de sus hijos se transforman en las grandes referencias del cristianismo. El tercer pilar de la familia, el obrero, sólo es recordado en los pesebres de final de año o por parte de quienes tienen una devoción especial por él, como en mi caso o en el de Leonardo Boff, para quien escribí el prefacio de su libro sobre el carpintero.

Reproduzco parte de un texto del escritor Carlos Heitor Cony (¡espero que sea de verdad de él, porque lo descubrí en Internet!):

Con frecuencia se extrañan de que, aun declarándome agnóstico, aun no aceptando la idea de un dios filosófico, moral o religioso, sea devoto de algunos santos de nuestro calendario tradicional. El de Dios es un concepto o una entidad demasiado lejano para mis recursos e incluso para mis necesidades. En cambio, los santos, por haber sido terrenales, hechos con el mismo barro que yo, merecen más que mi admiración. Merecen incluso mi devoción.

San José es uno de ellos. Los Evangelios no registran una sola palabra suya, sólo gestos y una referencia explícita: «*vir justus*». Un hombre justo. Como se trataba de un carpintero, y no de un juez, se deduce que José era por encima de todo bueno. Bueno como carpintero, bueno como esposo, bueno como padre de un muchacho que dividiría en dos la historia del mundo.

Hermosas palabras de Cony. Y yo, muchas veces leo aberraciones de este tipo: «Jesús fue a la India a aprender con los maestros del Himalaya.» Para mí, todo hombre puede transformar en sagrada la tarea que le asigna la vida y Jesús aprendió, mientras José, el hombre justo, le enseñaba a hacer mesas, sillas, camas.

Me gusta imaginar que la mesa en la que Cristo consagró el pan y el vino habría sido hecha por José... porque allí estaba la mano de un carpintero anónimo, que se ganaba la vida con el sudor de su frente y, precisamente por eso, permitía que se manifestaran los milagros.

El Mal quiere que se haga el Bien

Cuenta el poeta persa Rumi que Mo'avia, el primer califa de la dinastía de los Omeya, estaba un día durmiendo en su palacio, cuando lo despertó un hombre extraño.

–¿Quién eres? –preguntó.

–Soy Lucifer –fue la respuesta.

–¿Y qué deseas aquí?

–Ya es la hora de la oración y sigues durmiendo.

Mo'avia se quedó impresionado. ¿Cómo es que el Príncipe de las Tinieblas, el que desea siempre el alma de los hombres de poca fe, procuraba ayudarlo a cumplir un deber religioso?

Pero Lucifer explicó:

–Recuerda que yo fui creado como un Ángel de Luz. Pese a todo lo que sucedió en mi existencia, no puedo olvidar mi origen. Un hombre puede viajar a Roma o a Jerusalén, pero siempre lleva en su corazón los valores de su patria: lo mismo ocurre conmigo. Aún amo al Creador, que me alimentó cuando era joven y me enseñó a hacer el bien. Cuando me rebelé contra Él, no fue porque no lo amara... muy al contrario, lo amaba tanto, que tuve celos cuando creó a Adán. En aquel momento, quise desafiar al Señor y eso fue mi ruina; aun así, aún recuerdo las bendiciones que se me dieron un día y tal vez actuando bien pueda regresar al Paraíso.

Mo'avia respondió:

–No puedo creer lo que me dices. Tú fuiste responsable de la destrucción de mucha gente en la faz de la Tierra.

—Pues créelo —insistió Lucifer—. Sólo Dios puede construir y destruir, porque es Todopoderoso. Fue Él, al crear al hombre, quien situó entre los atributos de la vida el deseo, la venganza, la compasión y el miedo. Por tanto, cuando veas el Mal a tu alrededor, no me culpes, porque sólo soy el espejo de las maldades que ocurren.

Consciente de que algo fallaba, Mo'avia se puso a rezar desesperadamente para que Dios lo iluminara. Pasó toda la noche conversando y discutiendo con Lucifer y, a pesar de los brillantes argumentos que oía, no se dejaba convencer.

Cuando ya despuntaba el día, Lucifer cedió al fin y explicó:

—Está bien, tienes razón. Cuando esta tarde he llegado para despertarte a fin de que no perdieses la hora de la oración, mi propósito no era aproximarte a la Luz Divina.

»Yo sabía que, al dejar de cumplir con tu obligación, sentirías una profunda tristeza y durante los próximos días rezarías con el doble de fe y pedirías perdón por haber olvidado el ritual correcto. A ojos de Dios, cada uno de esos rezos expresados con amor y arrepentimiento valdría el equivalente de doscientas oraciones expresadas de forma automática y corriente. Acabarías más purificado e inspirado, Dios te amaría más y yo estaría más lejos de tu alma.

Lucifer desapareció y en seguida entró un Ángel de Luz:

—Nunca olvides la lección de hoy —dijo a Mo'avia—. A veces el Mal se disfraza de emisario del Bien, pero su intención oculta es la de provocar más destrucción.

Aquel día y los siguientes, Mo'avia oró con arrepentimiento, compasión y fe. Sus rezos fueron oídos mil veces por Dios.

Preparado para el combate, pero con dudas

Voy vestido con un extraño uniforme verde, hecho con tejido grueso y lleno de cremalleras. Llevo guantes en las manos para evitar heridas. Cargo con una lanza casi de mi altura: su extremidad de metal lleva un tridente a un lado y una punta afilada al otro.

Y ante mis ojos está lo que va a ser atacado en el próximo minuto: mi jardín.

Con ese objeto en la mano, empiezo a arrancar la hierba mala que se ha mezclado con el césped. Paso un buen rato haciéndolo y sé que la planta retirada del suelo morirá antes de que pasen dos días.

De repente, me pregunto: ¿estoy actuando bien?

Lo que llamo «hierba mala» es en realidad un intento de supervivencia de determinada especie, que tardó millones de años en ser creada y desarrollada por la naturaleza. La flor fue fertilizada gracias a incontables insectos, se transformó en semilla, el viento la diseminó por todos los campos circundantes y así —porque no está plantada sólo en un punto, sino en muchos lugares— sus posibilidades de llegar hasta la próxima primavera son mucho mayores. Si estuviese concentrada en un solo lugar, estaría a merced de los animales herbívoros, de una inundación, de un incendio o de una sequía.

Pero todo ese esfuerzo de supervivencia choca ahora con la punta de una lanza, que la arranca, sin la menor piedad, del suelo.

¿Por qué hago eso?

Alguien creó el jardín. No sé quién fue, porque, cuando compré la casa, ya estaba ahí, en armonía con las montañas y los árboles a su alrededor, pero el creador debió de pensar por extenso lo que debía hacer, debió de plantar con mucho cuidado y preparación (existe una fila de arbustos que oculta la caseta en la que guardamos leña) y debió de ocuparse de él a través de incontables inviernos y primaveras. Cuando me entregó el viejo molino, donde paso unos meses al año, el césped estaba impecable. Ahora me corresponde a mí dar continuidad a su trabajo, aun cuando persista la cuestión filosófica: ¿debo respetar el trabajo del creador, del jardinero, o debo aceptar el instinto de supervivencia con que la naturaleza dotó a esta planta, hoy llamada «hierba mala»?

Sigo arrancando las plantas indeseables y colocándolas en un montón que en breve será quemado. Tal vez esté yo meditando demasiado sobre asuntos que nada tienen que ver con reflexiones, sino con acciones. Ahora bien, cada gesto del ser humano es sagrado y está cargado de consecuencias y eso me obliga a pensar más sobre lo que estoy haciendo.

Por un lado, esas plantas tienen derecho a diseminarse en cualquier dirección. Por otro, si yo no las destruyo ahora, acabarán sofocando el césped. En el Nuevo Testamento, Jesús habla de arrancar la cizaña para que no se mezcle con el trigo.

Pero −con o sin el apoyo de la Biblia− estoy ante un problema concreto que la Humanidad afronta siempre: ¿hasta qué punto es posible inmiscuirse en la labor de la naturaleza? ¿Es siempre negativa esa intromisión o puede ser positiva a veces?

Dejo de lado el arma, también conocida como azada. Cada golpe significa el final de una vida, la inexistencia de una flor que se abriría en la primavera, la arrogancia del ser humano que quiere moldear el paisaje que lo rodea. Necesito meditar más, porque en este momento estoy ejerciendo un poder de vida y muerte. El césped parece decir: «Protégeme, que va a destruirme.» La hierba también me habla: «Yo viajé desde tan lejos para llegar a tu jardín... ¿por qué quieres matarme?»

Al final, lo que acude en mi ayuda es el texto indio *Bhagavad Gītā*. Recuerdo la respuesta de Krishna al guerrero Arjuna, cuando éste se muestra desalentado antes de una batalla decisiva, tira sus armas al suelo y dice que no es justo participar en un combate que terminará con la muerte de su hermano. Krishna responde más o menos lo siguiente: «¿Crees tú que puedes matar a alguien? Tu mano es Mi mano y todo lo que estás haciendo ya estaba escrito que se haría. Nadie mata y nadie muere.»

Animado por ese súbito recuerdo, empuño de nuevo la lanza, ataco las hierbas que no fueron invitadas a crecer en mi jardín y me quedo con la única lección de esta mañana: pido a Dios que, cuando algo indeseable crezca en mi alma, me dé el mismo valor para arrancarlo sin la menor piedad.

LA IMPORTANCIA DE REPETIR LA MISMA COSA: una acción es un pensamiento que se manifiesta.

Un pequeño gesto que nos denuncia, por lo que debemos perfeccionarlo todo, pensar en los detalles, aprender la técnica de tal modo, que se vuelva intuitiva. La intuición nada tiene que ver con la rutina, sino con un estado de ánimo que está más allá de la técnica.

Así, después de mucho practicar, ya no pensamos en todos los movimientos necesarios: pasan a formar parte de nuestra propia existencia. Pero para eso es necesario ejercitarse, repetir.

Y, como si no bastara, es necesario repetir y ejercitarse.

Obsérvese a un buen herrero trabajando el acero. Para un observador lego, está repitiendo los mismos mazazos.

Pero quien conoce la importancia de la ejercitación sabe que, cada vez que levanta el mazo y lo hace bajar, la intensidad del golpe es diferente. La mano repite el mismo gesto, pero, a medida que se aproxima al hierro, sabe si debe tocarlo con más dureza o más suavidad.

Obsérvese un molino. Para quien mira sus aspas una sola vez, parece girar con la misma velocidad y repetir siempre el mismo movimiento.

Pero quien conoce los molinos sabe que están condicionados por el viento y cambian de dirección siempre que es necesario.

La mano del herrero acabó educada después de repetir miles de veces el gesto de dar mazazos. Las aspas del molino pueden moverse con velocidad después de que el viento soplara mucho e hiciera que sus engranajes quedasen bruñidos.

El arquero permite que muchas flechas pasen lejos de su objetivo, porque sabe que no aprenderá la importancia del arco, de la postura, de la cuerda y del blanco hasta después de haber repetido sus gestos miles de veces, sin miedo a errar.

Hasta que llega el momento en que ya no es necesario pensar lo que se está haciendo. A partir de entonces, el arquero pasa a ser su arco, su flecha y su blanco.

CÓMO OBSERVAR EL VUELO DE LA FLECHA: la flecha es la intención que se proyecta en el espacio.

Una vez disparada, el arquero ya no puede hacer nada más, salvo seguir su recorrido en dirección del blanco. A partir de ese momento, la tensión necesaria para el tiro ya no tiene razón de ser.

Por tanto, el arquero mantiene los ojos fijos en el vuelo de la flecha, pero su corazón descansa y él sonríe.

Si se ha ejercitado lo bastante, si ha conseguido desarrollar su instinto, si se mantiene la elegancia y la concentración durante todo el proceso del disparo, en ese momento, sentirá la presencia del Universo y verá que su acción ha sido justa y merecida.

La técnica hace que las dos manos estén listas, que la respiración sea precisa, que los ojos puedan clavarse en el blanco. El instinto hace que el momento del disparo sea perfecto.

Quien pase cerca y vea al arquero con los brazos abiertos, con los ojos siguiendo la flecha, pensará que está parado, pero los aliados saben que la mente de quien hizo el disparo ha cambiado de dimensión, está ahora en contacto con todo el Universo: sigue trabajando, aprendiendo todo lo que ese disparo ha dado de positivo, corrigiendo sus posibles fallos, aceptando sus cualidades, esperando para ver cómo reacciona el blanco al ser alcanzado.

Cuando el arquero estira la cuerda, puede ver el mundo entero dentro de su arco. Cuando sigue el vuelo de la flecha, este mundo se aproxima a él, lo acaricia y hace que tenga la sensación perfecta del deber cumplido.

Un Guerrero de la Luz, después de cumplir con su deber y transformar su intención en gesto, no necesita temer nada más: ha hecho lo que debía. No se ha dejado paralizar por el miedo; aun cuando la flecha no alcance el blanco, tendrá otra oportunidad, porque no ha sido cobarde.

El niño miraba a su abuela, que escribía una carta. En determinado momento, preguntó:

—¿Estás escribiendo una historia que nos sucedió a nosotros? ¿Y es, por casualidad, una historia sobre mí?

La abuela dejó de escribir, sonrió y comentó al nieto:

—Estoy escribiendo sobre ti, es verdad. Ahora bien, más importante que las palabras es el lápiz que estoy usando. Me gustaría que tú fueras como él, cuando crezcas.

El niño miró el lápiz, intrigado, y no vio nada especial.

—Pero, ¡si es igual a todos los lápices que he visto en mi vida!

—Todo depende de cómo mires las cosas. Hay cinco cualidades en él que, si consigues conservarlas, te harán siempre una persona en paz con el mundo.

»Primera cualidad: puedes hacer grandes cosas, pero no debes olvidar nunca que existe una Mano que guía tus pasos. A esa Mano la llamamos Dios y Éste debe conducirte siempre en la dirección de Su voluntad.

»Segunda cualidad: de vez en cuando necesito dejar de escribir y usar el sacapuntas. Con eso el lápiz sufre un poco, pero al final está más afilado. Por tanto, has de saber soportar algunos dolores, porque te harán ser una persona mejor.

»Tercera cualidad: el lápiz siempre permite que usemos una goma para borrar los errores. Debes entender que corregir una cosa que hemos hecho no es necesariamente algo malo, sino algo importante para mantenernos en el camino de la justicia.

»Cuarta cualidad: lo que realmente importa en el lápiz no es la madera ni su forma exterior, sino el grafito que lleva dentro. Por tanto, cuida siempre lo que ocurre dentro de ti.

»Por último, la quinta cualidad del lápiz: siempre deja una marca. Del mismo modo, has de saber que todo lo que hagas en la vida dejará huellas y procura ser consciente de todas tus acciones.

a) ELIGE LA MONTAÑA QUE DESEAS SUBIR. No te dejes llevar por los comentarios de otros, como «aquélla es más bonita» o «ésta es más fácil». Vas a gastar mucha energía y mucho entusiasmo para lograr tu objetivo, por lo que eres el único responsable y debes estar seguro de lo que haces.

b) HAS DE SABER LLEGAR HASTA DELANTE DE ELLA. Muchas veces, se ve la montaña desde lejos: bella, interesante, llena de desafíos, pero, cuando intentamos aproximarnos, ¿qué ocurre? Las carreteras la rodean, hay bosques entre tú y tu objetivo, lo que parece claro en el mapa es difícil en la vida real. Por tanto, prueba todos los caminos, los senderos, hasta que un día estés delante de la cima que pretendes alcanzar.

c) APRENDE DE QUIEN YA CAMINÓ POR ALLÍ. Por más que te consideres único, siempre hay alguien que tuvo ese mismo sueño antes y acabó dejando marcas que pueden facilitar la caminata: lugares en los que colocar la cuerda, senderos, ramas rotas para facilitar la marcha. La caminata es tuya y la responsabilidad también, pero no olvides que la experiencia ajena ayuda mucho.

d) LOS PELIGROS, VISTOS DE CERCA, SON VENCIBLES. Cuando empieces a subir la montaña de tus sueños, presta atención a tu alrededor. Hay despeñaderos, claro. Hay grietas imperceptibles. Hay piedras tan pulidas por las tormentas, que se vuelven escurridizas como el hielo, pero, si sabes dónde colocas el pie, notarás las trampas y sabrás rodearlas.

e) EL PAISAJE CAMBIA, CONQUE APROVÉCHALO. Claro que es necesario tener un objetivo fijado: llegar a lo alto, pero, a medida que se va subiendo, se pueden ver más cosas y no cuesta nada parar de vez en cuando y disfrutar un poco del panorama circundante. A cada metro conquistado, puedes ver un poco más lejos: aprovéchalo para descubrir cosas que aún no habías advertido.

f) RESPETA TU CUERPO. Sólo consigue subir una montaña quien presta al cuerpo la atención que merece. Tienes todo el tiempo que la vida te da, por lo que debes caminar sin exigir lo que se te puede dar. Si andas demasiado de prisa, acabarás cansado y desistirás a la mitad. Si andas muy despacio, puede caer la noche y estarás perdido. Aprovecha el paisaje, disfruta del agua fresca de los manantiales y de las frutas que la naturaleza te da, generosa, pero sigue andando.

g) RESPETA TU ALMA. No te repitas todo el tiempo: «Voy a conseguirlo.» Tu alma ya lo sabe, lo que ésta necesita es usar la larga caminata para poder crecer, extenderse por el horizonte, alcanzar el cielo. Una obsesión no ayuda nada a la búsqueda de tu objetivo y acaba privándote del placer de la escalada, pero atención: tampoco te repitas: «Es más difícil de lo que pensaba», porque eso te hará perder la fuerza interior.

h) PREPÁRATE PARA CAMINAR UN KILÓMETRO DE MÁS. El recorrido hasta la cima de la montaña es siempre mayor de lo que piensas. No te engañes, ha de llegar el momento en que lo que parecía cerca esté aún muy lejos, pero, como estás dispuesto a llegar lejos, eso no llega a ser un problema.

i) ALÉGRATE CUANDO LLEGUES A LA CUMBRE. Llora, da palmas, grita a los cuatro vientos que lo has conseguido, deja que el viento allí arriba (porque allí, en la cima, siempre sopla viento) purifique tu mente, refresque tus pies sudados y cansados, abra tus ojos, limpie el polvo de tu corazón. Qué bien: lo que antes era sólo un sueño, una visión distante, ahora es parte de tu vida, lo has conseguido.

j) HAZ UNA PROMESA. Aprovecha que has descubierto una fuerza que ni siquiera conocías y dite que a partir de ahora la usarás durante el resto de tus días. De preferencia, promete también descubrir otra montaña y partir hacia una nueva aventura.

k) CUENTA TU HISTORIA. Sí, cuenta tu historia. Da tu ejemplo. Di a todos que es posible y otras personas sentirán entonces el valor para afrontar sus propias montañas.

Mi antiguo molino, en la pequeña aldea de los Pirineos, tiene una fila de árboles que lo separa de la finca contigua. El otro día, apareció el vecino: debía de tener unos setenta años. Con frecuencia lo veía yo trabajando con su mujer en la labranza y pensaba que ya era hora de que descansara.

El vecino, aunque muy simpático, dijo que las hojas secas de mis árboles caían en su tejado y que yo debía cortarlos.

Me quedé muy asombrado: ¿cómo es que una persona que ha pasado toda su vida en contacto con la naturaleza quiere que yo destruya algo que tanto tardó en crecer, simplemente porque, dentro de diez años, puede causar un problema en las tejas?

Lo invito a un café. Digo que me responsabilizo, que, si algún día esas hojas secas (que serán barridas por el viento y por el verano) causan algún daño, yo me encargo de mandar construir un nuevo tejado. El vecino dice que eso no interesa: quiere que corte los árboles. Yo me irrito un poco: digo que prefiero comprarle la finca.

—Mi tierra no está en venta —responde.

—Pero con ese dinero podría usted comprar una casa excelente en la ciudad, vivir allí el resto de sus días con su mujer, sin afrontar inviernos rigurosos y cosechas perdidas.

—La finca no está en venta. Nací y crecí aquí y soy muy viejo para mudarme.

Propone que un perito de la ciudad venga, estudie el caso y

decida; así, ninguno de nosotros debe irritarse con el otro. A fin de cuentas, somos vecinos.

Cuando sale, mi primera reacción es la de culparlo de insensibilidad y falta de respeto para con la Madre Tierra. Después, me siento intrigado: ¿por qué no ha aceptado vender la tierra? Y, antes de que termine el día, entiendo que su vida sólo tiene una historia y mi vecino no quiere cambiarla. Ir a la ciudad significa también sumergirse en un mundo desconocido, con otros valores, que tal vez se considere muy viejo para aprender.

¿Le ocurre sólo a mi vecino? No. Creo que le sucede a todo el mundo; a veces estamos tan apegados a nuestra forma de vida, que rechazamos una gran oportunidad porque no sabemos cómo utilizarla. En su caso, su finca y su aldea son los únicos lugares que conoce y no vale la pena arriesgarse. En el caso de las personas que viven en la ciudad, creen que es necesario tener un título universitario, casarse, tener hijos, hacer que su hijo tenga también un título y así sucesivamente. Nadie se pregunta: «¿Podría hacer algo diferente?»

Recuerdo que mi barbero trabajaba día y noche para que su hija pudiera acabar la carrera de Sociología. Ella consiguió terminar la licenciatura en la facultad y, después de llamar a muchas puertas, consiguió trabajar de secretaria en una cementera. Aun así, mi barbero decía, orgulloso: «Mi hija tiene un título.»

La mayoría de mis amigos y de los hijos de mis amigos también tiene un título. Eso no significa que hayan conseguido trabajar en lo que deseaban; muy al contrario, entraron en una universidad y salieron de ella porque alguien, en una época en que las universidades eran importantes, decía que una persona, para ascender en la vida, necesitaba tener un título. Y así el mundo dejó de tener excelentes jardineros, panaderos, anticuarios, escultores, escritores. Tal vez sea hora de revisar un poco eso: médicos, ingenieros, científicos, abogados necesitan seguir un curso superior.

Pero, ¿lo necesitará todo el mundo? Dejo que los versos de Robert Frost den la respuesta:

Delante de mí había dos caminos.
Yo elegí el menos recorrido.
Y así fue todo muy distinto.

P. S.: Para terminar la historia del vecino: vino el perito y, para sorpresa mía, mostró una ley francesa que obliga a que cualquier árbol esté a tres metros, como mínimo, de la propiedad ajena. Los míos estaban a dos metros y tendré que cortarlos.

El periodista japonés me hace la pregunta de siempre:

—¿Y cuáles son sus escritores favoritos?

Yo doy la respuesta de siempre:

—Jorge Amado, Jorge Luis Borges, William Blake y Henry Miller.

La traductora me mira asombrada:

—¿Henry Miller?

Pero después se da cuenta de que su papel no es el de hacer preguntas y sigue con su trabajo. Al final de la entrevista, quiero saber por qué la ha asombrado tanto la respuesta. Digo que tal vez Henry Miller no sea un escritor «políticamente correcto», pero fue alguien que me abrió un mundo gigantesco: sus libros tienen una energía vital que raras veces podemos encontrar en la literatura contemporánea.

—No estoy criticando a Henry Miller; yo también soy una admiradora suya —responde ella—. ¿Sabía usted que estuvo casado con una japonesa?

Sí, claro: no me avergüenzo de ser un admirador fanático de alguien y procurar saberlo todo de su vida. Fui a una feria de libros tan sólo para conocer a Jorge Amado, viajé cuarenta y ocho horas en autobús para conocer a Borges (cosa que al final no ocurrió por mi culpa: cuando lo vi, quedé paralizado y no dije nada), toqué el timbre de la puerta de John Lennon en Nueva York (el portero me pidió que dejara una carta en la que explicase el porqué de la visita, dijo que ya me telefonearía Lennon, cosa que nunca ocurrió). Tenía pensado ir a Big Sur a ver a Henry Miller, pero murió antes de que consiguiera el dinero para el viaje.

–La japonesa se llama Hoki –respondo orgulloso–. Sé también que en Tokio existe un museo dedicado a las acuarelas de Miller.

–¿Quiere usted conocerla esta noche?

Pero, ¡qué pregunta! Claro que quiero estar cerca de alguien que convivió con uno de mis ídolos. Me imagino que debe de recibir visitas del mundo entero, solicitudes de entrevistas: al fin y al cabo, vivieron casi diez años juntos. ¿No será muy difícil pedir que pierda el tiempo con un simple admirador? Pero, si la traductora dice que es posible, mejor confiar: los japoneses siempre cumplen la palabra dada.

Espero con ansiedad el resto del día, montamos en un taxi y todo empieza a parecer extraño. Paramos en una calle donde nunca debe de dar el sol, pues por encima de ella pasa un viaducto. La traductora señala un bar de segunda categoría en el segundo piso de un edificio que se cae a pedazos.

Subimos las escaleras, entramos en el bar completamente vacío y allí está Hoki Miller.

Para ocultar mi sorpresa, intento exagerar mi entusiasmo por su ex marido. Ella me lleva a una sala del fondo, donde ha montado un pequeño museo: algunas fotos, dos o tres acuarelas firmadas, un libro con dedicatoria y nada más. Me cuenta que lo conoció cuando estaba preparando su doctorado en Los Ángeles y, para mantenerse, tocaba el piano en un restaurante y cantaba canciones francesas (en japonés). Miller fue a comer allí, le encantaron las canciones (había pasado una gran parte de su vida en París), salieron algunas veces y él la pidió en matrimonio.

Veo que en el bar en el que me encuentro tienen un piano... como si estuviera volviendo al pasado, al día en que los dos se conocieron. Ella me cuenta cosas deliciosas de su vida en común, de los problemas derivados de la diferencia de edad entre ellos (Miller tenía más de cincuenta años, Hoki no había cumplido los veinte), del tiempo que pasaron juntos. Explica que los herederos de otros matrimonios se quedaron con todo, incluso los derechos de autor de sus libros; pero eso no tiene importancia, lo que ella vivió está por encima de la compensación financiera.

Le pido que toque la misma música que llamó la atención de Miller, muchos años atrás. Lo hace con lágrimas en los ojos y canta *Feuilles mortes* [Hojas muertas].

La traductora y yo también nos sentimos conmovidos. El bar, el piano, la voz de la japonesa resonando en las paredes vacías, sin importarle la gloria de las ex mujeres, los ríos de dinero que los libros de Miller deben de producir, la fama mundial que podría disfrutar ahora.

«No valía la pena luchar por la herencia: el amor fue suficiente», dice al final, al entender lo que sentíamos. Sí, por su completa falta de amargura o rencor, comprendo que el amor fue suficiente.

De la importancia de la mirada

Al comienzo, Theo Wierema sólo era una persona insistente. Durante cinco años enviaba religiosamente una invitación a mi agencia en Barcelona para que diese una charla en La Haya (Holanda).

Durante cinco años mi agencia respondía invariablemente que mi agenda estaba completa. La verdad es que no siempre está completa la agenda; ahora bien, un escritor no es necesariamente alguien que consiga hablar bien en público. Además, todo lo que necesito decir está en los libros y artículos que escribo; por eso, siempre procuro evitar las conferencias.

Theo se enteró de que yo iba a ir a grabar un programa para un canal de televisión en Holanda. Cuando bajé para las filmaciones, estaba esperándome en el vestíbulo del hotel. Se presentó y me pidió permiso para acompañarme, al tiempo que decía:

—No soy una persona que se niegue a oír «no». Sólo creo que estoy intentando conseguir mi objetivo de forma equivocada.

Hay que luchar por los sueños, pero hay que saber también que, cuando ciertos caminos resultan imposibles, es mejor conservar las energías para recorrer otros caminos. Yo podía haber dicho simplemente «no» (ya he dicho y he oído esa palabra varias veces), pero decidí probar algo más diplomático: poner condiciones imposibles de cumplir.

Dije que daría la conferencia gratis, pero la entrada no debía costar más de dos euros y la sala debería tener un máximo de doscientas personas.

Theo accedió.

–Va a gastar usted más de lo que va a ganar –le avisé–. Según mis cálculos, sólo el billete de avión y el hotel cuestan el triple de lo que recibirá, si consigue llenar el aforo. Además, hay gastos de publicidad, alquiler del local...

Theo me interrumpió diciendo que nada de eso tenía importancia: lo hacía porque tenía que ver con su profesión.

–Organizo actos, porque necesito seguir creyendo que el ser humano está buscando un mundo mejor. Necesito hacer mi contribución para que sea posible.

¿Cuál era su profesión?

–Vendo iglesias.

Y siguió, para asombro mío, así:

–Soy el encargado por el Vaticano de seleccionar compradores, ya que en Holanda hay más iglesias que fieles. Y, como ya hemos tenido pésimas experiencias en el pasado, al ver que se transformaron lugares sagrados en cabarets, edificios de pisos, boutiques e incluso sex-shops, hemos cambiado el sistema de venta. El proyecto debe ser aprobado por la comunidad y el comprador ha de comunicar lo que hará con el inmueble: sólo aceptamos en general las propuestas que comprenden un centro cultural, una institución de caridad o un museo.

»¿Y qué tiene eso que ver con su conferencia y las otras que estoy intentando organizar? Las personas han dejado de juntarse. Cuando no se juntan, no consiguen crecer.

Mientras me miraba fijamente, concluyó:

–Encuentros. Mi error con usted fue justamente ése. En lugar de enviar correspondencia electrónica, debería haber mostrado en seguida que soy de carne y hueso. Cuando no conseguí recibir respuesta de determinado político, fui a llamar a su puerta y él me dijo: «Si usted quiere algo, antes debe enseñar sus ojos.» Desde entonces, eso es lo que he hecho y sólo he obtenido buenos resultados. Podemos tener todos los medios de comunicación del mundo, pero nada, absolutamente nada, sustituye la mirada del ser humano.

Claro que acabé aceptando la propuesta.

P. S.: Cuando fui a La Haya para la conferencia, sabiendo que mi mujer, artista plástica, siempre ha deseado crear un centro cultural, quise ver algunas de las iglesias en venta. Pregunté el precio de una que normalmente albergaba quinientos parroquianos los domingos: costaba un euro (¡un euro!), si bien los gastos de mantenimiento podían alcanzar niveles prohibitivos.

Gengis Jan y su halcón

En una reciente visita a Kazajstán, en el Asia central, tuve la oportunidad de acompañar a unos cazadores que usan el halcón como arma. No quiero entrar aquí a discutir la palabra «caza»; sólo decir que en este caso se trata de la naturaleza cumpliendo su ciclo.

Yo estaba sin intérprete y lo que podía haber sido un problema acabó siendo una bendición. Al no poder conversar con ellos, prestaba más atención a lo que hacían: vi a nuestra pequeña comitiva parar, al hombre con el halcón al brazo alejarse un poco y retirar la pequeña visera de plata de la cabeza del ave. No sé por qué decidió parar allí y no tenía forma de preguntar.

El ave alzó el vuelo, trazó algunos círculos en el aire y después, con un asalto certero, bajó en dirección al barranco y no se movió más. Nos acercamos y vimos una raposa presa en sus garras. La misma escena ocurrió otra vez, durante aquella mañana.

De vuelta en la aldea, me reuní con las personas que me esperaban y pregunté cómo es que conseguían domesticar el halcón para que hiciera todo lo que había yo visto, incluso permanecer dócilmente en el brazo de su dueño (y en el mío también; me pusieron unos brazaletes de cuero y pude ver de cerca sus afiladas garras).

Pregunta inútil. Nadie sabe explicarlo: dicen que ese arte pasa de generación en generación, el padre enseña al hijo y así sucesivamente, pero las montañas nevadas al fondo, la silueta del caballo y del jinete, el halcón saliendo de su brazo y el asalto certero quedarán para siempre grabados en mis retinas.

Queda también una leyenda que una de las personas me contó, mientras almorzábamos:

Cierta mañana, el guerrero mongol Gengis Jan y su cortejo salieron a cazar. Mientras que sus compañeros llevaron flechas y arcos, Gengis Jan llevaba su halcón favorito en el brazo... que era mejor y más preciso que flecha alguna, porque podía subir al cielo y ver todo aquello que el ser humano no consigue ver.

Ahora bien, pese al entusiasmo del grupo, no consiguieron encontrar nada. Gengis Jan, decepcionado, volvió a su campamento; pero, para no descargar su frustración en sus compañeros, se separó de la comitiva y decidió caminar solo.

Habían permanecido en el bosque más tiempo de lo esperado y Jan estaba muerto de cansancio y sed. Por el calor del verano, los arroyos estaban secos, no conseguía encontrar nada para beber hasta que –¡milagro!– vio un hilo de agua procedente de una roca que tenía delante.

Al instante, retiró el halcón de su brazo, cogió el vasito de plata que siempre llevaba consigo, se quedó un largo rato para llenarlo y, cuando estaba a punto de llevárselo a los labios, el halcón alzó el vuelo, le arrancó el vaso de las manos y lo tiró lejos.

Gengis Jan se puso furioso, pero era su animal favorito, tal vez tuviera sed también. Agarró el vaso, le quitó el polvo y volvió a llenarlo. Cuando lo tenía lleno hasta la mitad, el halcón volvió a atacarlo y derramó el líquido.

Gengis Jan adoraba a su animal, pero sabía que no podía permitir una falta de respeto en circunstancia alguna, ya que alguien podía estar presenciando la escena y más tarde contaría a sus guerreros que el gran conquistador era incapaz de domar una simple ave.

Esa vez, desenvainó la espada, cogió el vaso, empezó de nuevo a llenarlo, con un ojo en la fuente y el otro en el halcón. En cuanto vio que tenía bastante agua y estaba a punto de beber, el halcón de nuevo alzó el vuelo y se dirigió hacia él. Jan, con un golpe certero, le atravesó el pecho.

Pero el hilo de agua se había secado. Decidido a beber de

cualquier modo, subió a lo alto de la roca en busca de la fuente. Para sorpresa suya, había, en realidad, una poza de agua y en medio de ella, muerta, una de las serpientes más venenosas de la región. Si hubiera bebido el agua, ya no estaría en el mundo de los vivos.

Jan volvió al campamento con el halcón muerto en sus brazos. Mandó hacer una reproducción en oro del ave y grabó en una de las alas: «Incluso cuando un amigo hace algo que no te gusta, sigue siendo tu amigo.»

En la otra ala mandó escribir: «Cualquier acción motivada por la furia es una acción condenada al fracaso.»

«Da al tonto mil inteligencias y sólo querrá la suya», dice un proverbio árabe. Comenzamos a plantar el jardín de nuestra vida y, cuando miramos al lado, reparamos en que el vecino está ahí, espiando. Él es incapaz de hacer nada, pero le gusta ofrecer ocurrencias disparatadas sobre cómo sembramos nuestras acciones, plantamos nuestros pensamientos, regamos nuestras conquistas.

Si prestamos atención a lo que él dice, acabamos trabajando para él y el jardín de nuestra vida será idea del vecino. Acabaremos olvidando la tierra cultivada con tanto sudor, fertilizada por tantas bendiciones. Olvidaremos que cada centímetro de tierra tiene sus misterios y sólo la paciente mano del jardinero puede descifrarlos. No vamos a prestar atención al sol, a la lluvia y a las estaciones… para centrarnos sólo en esa cabeza que nos espía por encima de la cerca.

El tonto al que encanta ofrecernos opiniones disparatadas sobre nuestro jardín nunca cuida sus plantas.

En la misma mañana, tres señales procedentes de diversos continentes: un correo electrónico del periodista Lauro Jardim, en el que me pide que confirme algunos datos sobre una nota relativa a mí y hace referencia a la situación en Rocinha, Río de Janeiro. Una llamada de teléfono de mi mujer, que acaba de desembarcar en Francia: viajó con una pareja francesa amiga para enseñarles nuestro país y los dos acabaron asustados, decepcionados. Por último, el periodista que viene a entrevistarme para una televisión rusa: «¿Es verdad que en su país murieron más de medio millón de personas asesinadas entre 1980 y 2000?»

Claro que no es verdad, respondo.

Pero sí que lo es: me muestra datos de «un instituto brasileño» (en realidad, el IBGE).

Me quedo callado. La violencia en mi país cruza los océanos y las montañas y viene hasta este lugar de Asia central. ¿Qué puedo decir?

Decir no basta, pues las palabras que no se plasman en acción «engendran pestilencia», como decía William Blake. Yo he intentado poner algo de mi parte: creé una institución, junto con dos personas heroicas, Isabella y Yolanda Maltarolli, en la que intentamos dar educación, cariño, amor a trescientos sesenta niños de la *favela* Pavão-Pavãozinho. Sé que en este momento existen miles de brasileños que hacen mucho más, trabajando en silencio, sin ayuda oficial, sin apoyo privado, sólo para no dejarse dominar por el peor de los enemigos: la desesperanza.

En algún momento pensé que, si cada cual cumpliera con su papel, las cosas cambiarían, pero esta noche, mientras contemplo las montañas heladas en la frontera con China, tengo dudas. Tal vez, aun cuando cada cual cumpla con su papel, siga siendo verdad la máxima que aprendí de niño: «Contra la fuerza no hay argumento.»

Miro de nuevo las montañas, iluminadas por la luna. ¿Será cierto que contra la fuerza no hay argumento? Como todos los brasileños, intenté, luché, me esforcé por creer que la situación de mi país mejoraría un día, pero cada año que pasa las cosas parecen más complicadas, independientemente del gobernante, del partido, de los planes económicos o de la falta de ellos.

Violencia he visto ya en los cuatro confines del mundo. Recuerdo una vez, en el Líbano, después de la guerra devastadora, en que estaba yo paseando por las ruinas de Beirut con una amiga, Soula Saad. Ella me comentaba que su ciudad ya había sido destruida siete veces. Le pregunté, en broma, por qué no desistían de reconstruirla y se mudaban a otro lugar. «Porque es nuestra ciudad –respondió–, porque el hombre que no honra la tierra donde están enterrados sus antepasados será maldito para siempre.»

El hombre que no honra su tierra no se honra a sí mismo. En uno de los mitos clásicos griegos de la creación, uno de los dioses, furioso porque Prometeo ha robado el fuego y con ello ha dado la independencia al hombre, envía a Pandora para que se case con su hermano, Epimeteo. Pandora lleva consigo una caja que tenía prohibido abrir. Ahora bien, como Eva en el mito cristiano, su curiosidad es más fuerte: levanta la tapa para ver lo que contiene y en ese momento todos los males del mundo salen de ella y se esparcen por la Tierra.

Sólo queda una cosa dentro: la Esperanza.

Conque, pese a que todo indica lo contrario, pese a mi tristeza, a mi sensación de impotencia, pese a estar en este momento casi convencido de que nada va a mejorar, no puedo perder la única cosa que me mantiene vivo: la esperanza... esa palabra siempre tan ironizada por los pseudointelectuales, que la consideran un sinónimo de «engaño para alguien». Esa palabra tan manipulada por los gobiernos, que prometen, sabiendo que no van a cumplir, y desgarran aún más el corazón de las personas. Esa palabra muchas veces nos acompaña por la mañana, es herida a lo largo del día y muere al anochecer, pero resucita con la aurora.

Sí, existe el proverbio: «Contra la fuerza no hay argumento.»

Pero también existe el proverbio: «Mientras hay vida, hay esperanza.» Y yo me quedo con éste, mientras contemplo las montañas nevadas en la frontera con China.

Reunión en casa de un pintor paulista que vive en Nueva York. Conversamos sobre ángeles y alquimia. En determinado momento, intento explicar a otros convidados la idea alquímica de que cada uno de nosotros lleva dentro de sí el Universo entero y es responsable de él.

Lucho con las palabras, pero no consigo una buena imagen; el pintor, que escucha en silencio, nos pide a todos que miremos por la ventana de su estudio.

–¿Qué veis?

–Una calle del Village –responde alguien.

El pintor pega un papel al cristal, de modo que ya no se puede ver la calle, y con un cuchillo hace un cuadradito en el papel.

–Y si alguien mira por aquí, ¿qué verá?

–La misma calle –dice otro invitado.

El pintor hace varios cuadrados en el papel.

–Así como cada agujerito en este papel contiene la misma calle, cada uno de nosotros contiene el mismo Universo –dice.

Y todos los presentes dan palmas por la hermosa imagen que ha encontrado.

En el día de mi cumpleaños, el Universo me dio un presente que quisiera compartir con mis lectores.

En medio de un bosque cerca de la pequeña ciudad de Azereix, en el sudoeste de Francia, existe una pequeña colina cubierta de árboles. Con la temperatura rondando los 40 ºC, en un verano con casi cinco mil muertos en los hospitales por el calor, mientras contemplamos los campos de maíz completamente destruidos por la sequía, no tenemos muchas ganas de caminar. Aun así, digo a mi mujer:

—En cierta ocasión, después de dejarte en el aeropuerto, decidí pasear por este bosque. Me pareció muy bonito el camino: ¿quieres conocerlo?

Christina mira una mancha blanca en medio de los árboles y pregunta qué es:

—Una pequeña ermita.

Le digo que el camino pasa por allí, pero, la única vez que estuve allí, estaba cerrada. Habituados como estamos a las montañas y los campos, sabemos que Dios está por todas partes, no es necesario entrar en una construcción hecha por el hombre para poder encontrarlo. Muchas veces, durante nuestras largas caminatas, acostumbramos a rezar en silencio, escuchando la voz de la naturaleza y entendiendo que el mundo invisible siempre se manifiesta en el mundo visible. Después de media hora de subida, la ermita aparece en medio del bosque y surgen las preguntas de siempre: ¿quién la construyó? ¿Por qué? ¿A qué santo o santa está dedicada?

Y, a medida que nos acercamos, oímos una música y una voz que parecen llenar de alegría el aire a nuestro alrededor: «La otra vez en que estuve aquí no existían estos altavoces», pienso, y me parece extraño que alguien haya puesto música para atraer visitantes en una senda raras veces recorrida.

Pero, al contrario de lo que ocurrió en mi caminata anterior, la puerta está abierta. Entramos y parece que estamos en otro mundo: la capilla iluminada por la luz de la mañana, una imagen de la Inmaculada Concepción en el altar, tres filas de bancos y en un rincón, como en éxtasis, una joven de unos veinte años de edad tocando el violín y cantando con los ojos fijos en la imagen que tiene delante.

Yo enciendo tres velas, como acostumbro a hacer cuando entro por primera vez en una iglesia (por mí, por mis amigos y lectores y por mi trabajo). En seguida miro para atrás: la muchacha ha advertido nuestra presencia, ha sonreído y ha seguido tocando.

Entonces parece bajar del cielo la sensación del Paraíso. Como si entendiera lo que ocurre en mi corazón, ella combina la música con el silencio y de vez en cuando reza una oración.

Y yo tengo conciencia de estar viviendo un momento inolvidable de mi vida, esa conciencia que muchas veces sólo conseguimos tener después de que haya pasado el momento mágico. Estoy allí por entero, sin pasado, sin futuro, sólo viviendo aquella mañana, aquella música, aquella dulzura, la oración inesperada. Entro en un estado como de adoración, de éxtasis, de gratitud por estar vivo. Después de muchas lágrimas y de lo que me parece una eternidad, la muchacha hace una pausa, mi mujer y yo nos levantamos, le damos las gracias y le digo que me gustaría enviarle un regalo por haber llenado mi alma de paz. Ella dice que acude a ese lugar todas las mañanas y ésa es su manera de rezar. Yo insisto con la historia del regalo, ella vacila, pero al final me da la dirección de un convento.

El día siguiente, le envío uno de mis libros y poco después recibo su respuesta, en la que me comenta que salió de allí aquel día con el alma inundada de alegría, porque la pareja que había entrado participara de la adoración y del milagro de la vida.

En la sencillez de aquella capillita, en la voz de la muchacha, en la luz de la mañana que todo lo inundaba, una vez más entendí que la grandeza de Dios siempre se muestra por mediación de las cosas más sencillas. Si alguno de mis lectores pasa algún día por la pequeña ciudad de Azereix y ve una ermita en medio del bosque, acérquese a ella. Si es por la mañana, una muchachita sola estará alabando la Creación con su música.

Se llama Claudia Cavegir y la dirección es Communauté Notre-Dame de l'Aurore, 63850 – Ossun (Francia). Seguro que le alegraría mucho recibir una tarjeta postal.

POR FAVOR ESCRIBANLE

PLEASE WRITE TO HER.

Estoy contemplando una bella piscina natural cerca de la aldea de Babinda, en Australia. Un joven aborigen se aproxima.

—Cuidado, no vaya a resbalar —dice.

La laguna está rodeada de rocas, pero parecen seguras y se puede caminar por ellas.

—Este lugar se llama Piscina del Diablo —continúa el muchacho—. Hace muchos años, Oolona, una hermosa aborigen casada con un guerrero de Babinda, se enamoró de otro hombre. Huyeron hasta estas montañas, pero el marido consiguió alcanzarlos. El amante escapó, mientras que Oolona fue asesinada aquí, en esta agua.

»Desde entonces, Oolona confunde a todos los hombres que se acercan con su amor perdido y los mata en sus brazos de agua.

Más tarde, pregunto al dueño del hotelito por la Piscina del Diablo.

—Puede ser una superstición —comenta—, pero el caso es que en estos diez años once turistas han muerto allí y todos eran hombres.

Leo en un portal de noticias de Internet: el 10 de junio de 2004 se encontró en la ciudad de Tokio un muerto vestido con pijama. Hasta ahí, todo bien; creo que la mayoría de las personas que mueren con pijama

a) murieron durmiendo, lo que constituye una bendición;

b) estaban junto a sus familiares o en una cama de hospital: la muerte no llegó de repente, todos tuvieron tiempo de acostumbrarse a «la indeseada de las gentes», como la llamaba el poeta brasileño Manuel Bandeira.

La noticia continúa: cuando murió, estaba en su cuarto. Por tanto, eliminada la hipótesis del hospital, sólo nos queda la posibilidad de que muriese durmiendo, sin sufrir, sin darse cuenta siquiera de que no iba a ver la luz del día siguiente.

Pero queda una posibilidad: asalto seguido de muerte.

Quien conoce Tokio sabe que esa gigantesca ciudad es al mismo tiempo uno de los lugares más seguros del mundo. Recuerdo cierta ocasión en que paré a comer con mis editores antes de seguir viaje al interior de Japón: todas nuestras maletas estaban a la vista, en el asiento trasero del coche. Inmediatamente dije que era muy peligroso, seguro que pasaría alguien, lo vería y desaparecería con nuestra ropa, documentos, etcétera. Mi editor sonrió y dijo que no me ~~preocupara: no conocía ningún caso~~ semejante en sus muchos años de vida (efectivamente, nada ocurrió con nuestras maletas, si bien yo estuve tenso durante toda la comida).

Pero volvamos a nuestro muerto en pijama: no había señal

alguna de lucha, violencia o cosa parecida. Un oficial de la Policía Metropolitana, en entrevista al periódico, afirmaba que con casi total seguridad murió de un ataque súbito al corazón. Por tanto, descartamos también la hipótesis de un homicidio.

El cadáver fue descubierto por empleados de una empresa de construcción, en el segundo piso de un edificio, en una urbanización que estaba a punto de ser demolida. Todo nos lleva a pensar que nuestro muerto en pijama, ante la imposibilidad de encontrar un lugar para vivir en uno de los lugares más densamente poblados y caros del mundo, decidió simplemente instalarse donde no tenía que pagar alquiler.

Y entonces llega la parte trágica de la historia: nuestro muerto era sólo un esqueleto vestido con pijama. A su lado, había un periódico abierto, de fecha 20 de febrero de 1984. En una mesa próxima, el calendario marcaba el mismo día.

O sea, que llevaba allí veinte años.

Y nadie lo echó en falta.

El hombre fue identificado como un ex funcionario de la empresa que construyó la urbanización, a la que se mudó al comienzo del decenio de 1980, después de divorciarse. Tenía poco más de cincuenta años el día en que estaba leyendo el periódico y de repente abandonó este mundo.

Su ex mujer no lo buscó nunca. Fueron a la empresa en la que trabajaba, descubrieron que se había declarado en quiebra después de concluir las obras, ya que no se vendió ningún piso, y por eso no le extrañó que el hombre no apareciera para sus actividades diarias. Buscaron a sus amigos, que atribuyeron su desaparición a haber pedido algún dinero prestado y no tener forma de pagar.

La noticia termina diciendo que los restos mortales fueron entregados a su ex esposa. Yo acabé de leer el artículo y me quedé pensando en esa frase final: la ex esposa seguía viva y, aun así, durante veinte años, nunca buscó a su marido. ¿Qué debió pasar por su cabeza? Que él ya no la quería, que había decidido alejarla para siempre de su vida, que había encontrado a otra mujer y había desaparecido sin dejar rastro, que la vida es así mismo: una vez concluidos los trámites del divorcio, carece de sentido continuar una relación que ya quedó legalmente concluida. Imagino lo que debió de sentir al enterarse del destino del hombre con quien compartió gran parte de su vida.

En seguida pensé en el muerto en pijama, en su completa, abisal soledad, hasta el punto de que nadie en el mundo entero se dio cuenta de que durante veinte largos años había desaparecido, sencillamente, sin dejar rastro. Y concluyo que peor que sentir hambre, que sentir sed, que estar desempleado, sufriendo de amor, desesperado por una derrota... peor que todo eso es sentir que nadie, pero absolutamente nadie en este mundo, se interesa por nosotros.

Recemos en este momento una oración en silencio por ese hombre y agradezcámosle que nos haga reflexionar sobre la importancia de nuestros amigos.

Juan iba siempre a los oficios dominicales de su congregación, pero empezó a parecerle que el pastor decía siempre las mismas cosas y dejó de frecuentar la iglesia.

Dos meses después, en una fría noche de invierno, el pastor fue a visitarlo.

«Debe de haber venido para intentar convencerme a fin de que vuelva», pensó Juan para sus adentros. Supuso que no podía decir la verdadera razón: los sermones repetitivos. Necesitaba encontrar una disculpa y, mientras pensaba, colocó dos sillas delante de la chimenea y empezó a hablar del tiempo.

El pastor no dijo nada. Juan, después de intentar en vano dar conversación por un rato, también se calló. Los dos se quedaron en silencio contemplando el fuego durante casi media hora.

Entonces fue cuando el pastor se levantó y con ayuda de una ramita que aún no había ardido apartó una brasa lejos del fuego.

Como no tenía suficiente calor para seguir ardiendo, la brasa empezó a apagarse. Juan se apresuró a devolverla al centro de la chimenea.

—Buenas noches —dijo el pastor, al tiempo que se levantaba para salir.

—Buenas noches y muchas gracias —respondió Juan—. La brasa lejos del fuego, por brillante que sea, acabará extinguiéndose rápidamente.

»El hombre lejos de sus semejantes, por más inteligente que sea, no conseguirá conservar su calor y su llama. Volveré a la iglesia el próximo domingo.

Manuel es un hombre importante y necesario

Manuel necesita estar ocupado. De lo contrario, le parece que su vida no tiene sentido, está perdiendo el tiempo, la sociedad no lo necesita, nadie lo ama, nadie lo quiere.

Así, pues, en cuanto se despierta, tiene una serie de tareas: ver el telediario (puede haber ocurrido algo durante la noche), leer el periódico (puede haber ocurrido algo durante el día de ayer), pedir a su mujer que no deje a los niños llegar tarde a la escuela, coger un coche, un taxi, un autobús, un metro, pero siempre concentrado, mirando al vacío, mirando el reloj, llamando por su teléfono móvil, a ser posible… y procurando al máximo que todo el mundo vea que es un hombre importante, útil para el mundo.

Manuel llega al trabajo, se inclina sobre el papelamen que lo espera. Si es un empleado, hace todo lo posible para que el jefe vea que ha llegado a la hora. Si es patrón, pone a todos a trabajar inmediatamente; en caso de que no haya tareas importantes, Manuel irá desarrollándolas, creándolas: ejecutar un nuevo plan, establecer nuevas líneas de acción.

Manuel va a almorzar, pero nunca solo. Si es patrono, se sienta con sus amigos, debate nuevas estrategias, habla mal de la competencia, siempre tiene una carta escondida en la manga, se queja (con cierto orgullo) de la sobrecarga de trabajo. Si Manuel es empleado, también se sienta con sus amigos, se queja del jefe, dice que está haciendo muchas horas extraordinarias, afirma con desesperación (y con mucho orgullo) que varias cosas en la empresa dependen de él.

Manuel —patrono o empleado— trabaja toda la tarde. De vez en cuando mira el reloj, se acerca la hora de volver a casa, pero falta resolver un detalle aquí, firmar un documento allá. Es un hombre honrado, procura hacerse merecedor de su salario, de las esperanzas de los demás, de los sueños de sus padres, que tanto se esforzaron para darle la educación necesaria.

Por último, vuelve a casa. Se da un baño, se pone ropa más cómoda y va a cenar con la familia. Pregunta por los deberes de los hijos, las actividades de su mujer. De vez en cuando habla de su trabajo, sólo para servir de ejemplo, porque no acostumbra a llevarse las preocupaciones a casa. Termina la cena, los hijos —que no están para lecciones, deberes o cosas similares— se levantan en seguida de la mesa y van a colocarse delante del ordenador. Manuel, a su vez, va también a sentarse delante de ese viejo aparato de su infancia, llamado televisión. Vuelve a ver los telediarios (puede haber ocurrido algo por la tarde).

Va a acostarse siempre con un libro técnico en la mesilla de noche; ya sea patrono o empleado, sabe que la competencia es importante y quien no se actualiza corre el riesgo de perder el empleo y tener que afrontar la peor de las maldiciones: quedar desempleado.

Conversa un poco con su mujer; al fin y al cabo, es un hombre amable, trabajador, cariñoso, que cuida de su familia y está listo para defenderla en cualquier circunstancia. El sueño llega en seguida, Manuel se duerme sabiendo que el día siguiente estará muy ocupado y hay que recuperar las energías.

Esa noche Manuel tiene un sueño. Un ángel le pregunta: «¿Por qué haces eso?» Él responde que es un hombre responsable.

El ángel continúa: «¿Serías capaz de parar un poco, durante al menos quince minutos de tu día, mirar el mundo, mirarte a ti mismo y no hacer nada simplemente?» Manuel dice que le encantaría, pero no tiene tiempo para eso. «Estás muy equivocado —dice el ángel—. Todo el mundo tiene tiempo para eso, lo que falta es valor. Trabajar es una bendición cuando nos ayuda a pensar en lo que estamos haciendo, pero se vuelve una maldición cuando su única utilidad es evitar que pensemos en el sentido de nuestra vida.»

Manuel se despierta en plena noche con sudor frío. ¿Valor? ¿Cómo es que un hombre que se sacrifica por los suyos no tiene valor para parar quince minutos?

Es mejor dormir de nuevo, sólo ha sido un sueño, esas preguntas no conducen a nada y mañana va a estar muy –pero que muy– ocupado.

Manuel trabaja treinta años sin parar, educa a sus hijos, da buen ejemplo, dedica todo el tiempo al trabajo y nunca pregunta: «¿Tendrá sentido lo que estoy haciendo?» Su única preocupación es la de que cuanto más ocupado esté, más importante será para la sociedad.

Sus hijos crecen y se van de casa, en el trabajo lo ascienden y llega un día en que recibe un reloj o una estilográfica como recompensa por todos esos años de dedicación, los amigos derraman algunas lágrimas y llega el momento tan esperado: está jubilado, ¡libre para hacer lo que quiera!

En los primeros meses, visita una vez que otra la oficina en la que trabajó, conversa con los antiguos amigos y se da el gusto de hacer algo con lo que siempre soñó: levantarse más tarde de la cama. Se pasea por la playa o en la ciudad, tiene su casa de campo comprada con mucho sudor, descubre la jardinería y poco a poco se va adentrando en el misterio de las plantas y las flores. Manuel tiene tiempo, todo el tiempo del mundo. Viaja con parte del dinero que consiguió ahorrar. Visita museos, aprende en dos horas lo que pintores y escultores de diferentes épocas necesitaron siglos para desarrollar, pero al menos tiene la sensación de estar aumentando su cultura. Saca muchos centenares, millares, de fotos y las manda a sus amigos: al fin y al cabo, ¡deben enterarse de lo feliz que es!

Pasan otros meses. Manuel descubre que el jardín no sigue exactamente las mismas reglas que el hombre: lo que plantó tarda en crecer y de nada sirve intentar ver si el rosal tiene ya botones. En un momento de reflexión sincera, descubre que lo único que vio en sus viajes fue un paisaje por la parte de fuera del autobús de turismo, monumentos que ahora están guardados en fotos de 15 × 10, pero la verdad es que no consiguió sentir ninguna emoción especial: estaba más interesado en contar a sus amigos que en vivir la experiencia mágica de estar en un país extranjero.

Sigue viendo todos los telediarios, lee más periódicos (porque tiene más tiempo), se considera una persona extraordinariamente bien informada, apta para hablar de cosas que antes no tenía tiempo de estudiar.

Busca a alguien para compartir sus opiniones, pero todos están inmersos en el río de la vida, trabajando, haciendo alguna cosa, envidiando a Manuel por su libertad y al mismo tiempo contentos de ser útiles a la sociedad y estar «ocupados» con alguna cosa importante.

Manuel busca consuelo en los hijos. Éstos lo tratan siempre con mucho cariño: fue un padre excelente, un ejemplo de honradez y dedicación, pero también ellos tienen otras preocupaciones, aunque consideren un deber participar en el almuerzo del domingo.

Manuel es un hombre libre, con una situación financiera razonable, bien informado, con un pasado impecable, pero, ¿y ahora? ¿Qué hacer con esa libertad tan arduamente conquistada? Todos lo felicitan, lo elogian, pero nadie tiene tiempo para él. Poco a poco, Manuel empieza a sentirse triste, inútil... a pesar de los muchos años pasados sirviendo al mundo y a su familia.

Una noche, aparece un ángel en su sueño: «¿Qué has hecho con tu vida? ¿Has procurado vivirla de acuerdo con tus sueños?»

Manuel se despierta con sudor frío. ¿Qué sueños? Su sueño era ése: tener un diploma, casarse, tener hijos, educarlos, jubilarse, viajar. ¿Por qué se pone el ángel a preguntar cosas sin sentido?

Comienza un nuevo y largo día. Los periódicos, el telediario, el jardín, el almuerzo, dormir un poco, hacer lo que le apetece... y en ese momento descubre que no le apetece hacer nada. Manuel es un hombre libre y triste, a un paso de la depresión, porque estaba demasiado ocupado para pensar en el sentido de su vida, mientras los años corrían por debajo del puente. Recuerda dos versos de un poeta: «Pasó por la vida / sin vivir.»

Pero, como es demasiado tarde para aceptar eso, mejor cambiar de asunto. La libertad, tan duramente conseguida, no pasa de ser un exilio disfrazado.

Más tarde, Manuel se jubila. Disfruta un poco de la libertad de no tener hora para despertarse y poder dedicar su tiempo a hacer lo que quiere, pero no tarda en caer en la depresión: sentirse inútil, alejado de la sociedad que ayudó a construir, abandonado por los hijos, que han crecido, incapaz de entender el sentido de la vida... ya que nunca se preocupó de responder a la famosa pregunta: «¿Qué estoy haciendo aquí?»

Bueno, pues, nuestro querido, honrado, dedicado Manuel acaba muriendo un día... lo que ocurrirá a todos los Manueles, Pablos, Marías, Mónicas de la vida. Y en este caso cedo la palabra a Henry Drummond, en su brillante libro *El don supremo*, para que describa lo que ocurre en adelante:

Todos nosotros, en algún momento, nos hemos hecho la misma pregunta que todas las generaciones se hicieron:

¿Qué es lo más importante de nuestra existencia?

Queremos emplear nuestros días del modo mejor, pues la vida de cada cual es intransferible. Entonces debemos saber: ¿hacia dónde debemos dirigir nuestros esfuerzos? ¿Cuál es el objetivo supremo por alcanzar?

Estamos acostumbrados a oír que el tesoro más importante del mundo espiritual es la Fe. En esa simple palabra se apoyan muchos siglos de religión.

¿Consideramos la Fe la cosa más importante del mundo? Pues bien, estamos completamente equivocados.

En su epístola a los Corintios, 13, [San] Pablo nos lleva a los primeros tiempos del cristianismo y termina diciendo: «[...] permanecen la Fe, la Esperanza y el Amor, los tres, pero el más importante es el Amor.»

No se trata de una opinión superficial de [San] Pablo, autor de esas frases. A fin de cuentas, hablaba de la Fe un momento antes, en la misma carta. Decía: «Aunque yo tenga tamaña fe, capaz de mover montañas, si no tengo Amor, nada seré.»

Pablo no eludió el asunto; al contrario, comparó la Fe con el Amor y concluyó: «[...] el mayor de ellos es el Amor.»

Mateo nos da una descripción clásica del Juicio Final: el Hijo del Hombre se sienta en un trono y separa, como un pastor, los cabritos de las ovejas.

En ese momento, la gran pregunta del ser humano no será: «¿Cómo viví?»

Será, eso sí: «¿Cómo amé?»

La prueba final de toda búsqueda de la Salvación será el Amor. No se tendrá en cuenta lo que hicimos, aquello en lo que creímos, lo que conseguimos.

Nada de eso se nos cobrará. Esto es lo que se nos cobrará: nuestra forma de amar al prójimo.

Los errores que cometimos ni siquiera se recordarán. Seremos juzgados por el bien que dejamos de hacer, pues mantener el Amor encerrado dentro de sí es ir contra el espíritu de Dios, es la prueba de que nunca Lo conocimos, de que Él nos amó en vano, de que Su Hijo murió inútilmente.

En este caso, nuestro Manuel está salvado en el momento de su muerte, porque, pese a no haber atribuido nunca sentido a su vida, fue capaz de amar, proveer a su familia y tener dignidad en lo que hacía. Ahora bien, aunque el final sea feliz, el resto de sus días en la Tierra fue muy complicado.

Por repetir una frase que oí a Simon Peres en el Foro Mundial de Davos: «Tanto el optimista como el pesimista acaban muriendo, pero los dos aprovecharon la vida de forma distinta.»

Va a ser mi participación más importante en el Festival de los Escritores. Son las diez de la mañana, la platea está llena. Voy a ser entrevistado por un escritor local, John Felton.

Piso el escenario con la aprensión de siempre. Felton me presenta y empieza a hacerme preguntas. Antes de que pueda terminar un razonamiento, me interrumpe y hace una nueva pregunta. Cuando respondo, comenta algo así: «Esta respuesta no ha sido demasiado clara.» Cinco minutos después, se nota un malestar en la platea: todos están advirtiendo que algo falla. Recuerdo a Confucio y hago lo único posible:

—¿A usted le gusta lo que escribo? —pregunto.

—Eso no viene al caso —responde—. Soy yo el entrevistador y no al revés.

—Sí que viene al caso. Usted no me deja concluir ninguna idea. Confucio dijo: «Siempre que sea posible, sé claro.» Vamos a seguir ese consejo y dejar las cosas claras: ¿a usted le gusta lo que escribo?

—No, no me gusta. Sólo he leído dos libros y los detesté.

—Muy bien, entonces podemos continuar.

Ahora los campos estaban delimitados. La platea se relaja, el ambiente se llena de electricidad, la entrevista se convierte en un verdadero debate y todo el mundo —incluido Felton— queda satisfecho con el resultado.

Voy andando, distraído, por un centro comercial, acompañado de una amiga violinista. Úrsula, nacida en Hungría, es actualmente una figura destacada de dos filarmónicas internacionales. De repente, me coge del brazo:

—¡Escucha!

Escucho. Oigo voces, de adultos, gritos de niños, ruidos de televisiones conectadas en tiendas de electrodomésticos, pisadas que resuenan en el suelo de baldosas y la famosa música, omnipresente en todos los centros comerciales del mundo.

—¿Qué? ¿No es maravilloso?

Respondo que no he oído nada maravilloso ni fuera de lo normal.

—¡El piano! —dice ella y me mira con expresión decepcionada—. ¡El pianista es maravilloso!

—Debe de ser una grabación.

—No digas tonterías.

Escuchando con más atención, resulta evidente que la música es en directo. En ese momento está tocando una sonata de Chopin y, ahora que consigo concentrarme, las notas parecen tapar todo el barullo que nos rodea. Vamos por los pasillos llenos de gente, de tiendas, de ofertas, de cosas que, según anuncian, todo el mundo tiene... menos tú y yo. Llegamos a la sección de alimentación: personas comiendo, conversando, discutiendo, leyendo periódicos y una de esas atracciones que todo centro comercial procura ofrecer a sus clientes.

En este caso, un piano y un pianista.

Toca dos sonatas más de Chopin y luego Schubert, Mozart. Debe de tener unos treinta años; una placa colocada junto al pequeño escenario explica que es un famoso músico de Georgia, una de las antiguas repúblicas soviéticas. Debe de haber buscado trabajo, las puertas estaban cerradas, se desesperó, se resignó y ahora está ahí.

Pero no estoy seguro de que de verdad esté ahí: sus ojos están fijos en el mundo mágico en el que esas músicas fueron compuestas, sus manos comparten con todos el amor, el alma, el entusiasmo, lo mejor de sí mismo, sus años de estudio, de concentración, de disciplina.

Lo único que parece no haber entendido: nadie, absolutamente nadie, ha ido allí para escucharlo, sino para comprar, comer, distraerse, mirar escaparates, reunirse con amigos. Una pareja se para a nuestro lado, mientras conversa en voz alta, y luego sigue su camino. El pianista no ha visto eso; ahora está conversando con los ángeles de Mozart. Tampoco ha visto que hay un público compuesto por dos personas: una de ellas, violinista de talento, lo escucha con lágrimas en los ojos.

Recuerdo una ermita en la que entré cierta vez por casualidad y vi a una muchacha tocando para Dios, pero estaba en una ermita, aquello tenía sentido. En este caso, nadie está escuchando, posiblemente ni siquiera Dios.

Mentira, Dios está escuchando. Dios está en el alma y en las manos de ese hombre, porque éste está dando lo mejor de sí mismo, independientemente de reconocimiento alguno o del dinero que ha recibido. Toca como si estuviera en la Scala de Milán o en la Ópera de París. Toca porque ése es su destino, su alegría, su razón para vivir.

Me embarga una sensación de profunda reverencia.

Respeto a un hombre que en ese momento está recordándome una lección importantísima: tú tienes una Leyenda Personal que cumplir y punto. No importa que los demás apoyen, critiquen, ignoren, toleren: tú estás haciendo eso, porque es tu destino en esta Tierra y la fuente de toda alegría.

El pianista termina otra pieza de Mozart y por primera vez advierte nuestra presencia. Nos saluda con una educada y discreta seña de la cabeza y nosotros hacemos lo mismo, pero en seguida vuelve a su paraíso y es mejor dejarlo ahí, sin que lo afecte nada de este mundo, ni siquiera nuestros tímidos aplausos. Está sirviendo de ejemplo a todos nosotros. Cuando nos parezca que nadie presta atención a lo que hacemos, pensemos en ese pianista: estaba conversando con Dios mediante su trabajo y el resto no tenía la menor importancia.

Iba yo de Nueva York a Chicago, rumbo a la feria del libro de la American Booksellers Asociation. De repente, un muchacho se puso de pie en el pasillo del avión:

—Necesito a doce voluntarios —dijo—. Cada uno de ellos llevará una rosa, cuando lleguemos.

Varias personas levantaron la mano. Yo también la levanté, pero no fui elegido.

Aun así, decidí seguir al grupo. Desembarcamos, el muchacho señaló a una muchacha en el vestíbulo del aeropuerto de O'Hare. Uno por uno, los pasajeros fueron entregándole sus rosas. Al final, el muchacho le pidió que se casara con él delante de todos... y ella aceptó.

Un sobrecargo me comentó:

—Desde que trabajo aquí, ha sido la cosa más romántica que ha sucedido en este aeropuerto.

En el otoño de 2003, estaba paseando en plena noche por el centro de Estocolmo, cuando vi a una señora que caminaba usando bastones de esquí. Mi primera reacción fue la de atribuirlo a alguna lesión que hubiera sufrido, pero advertí que caminaba rápido, con movimientos rítmicos, como si estuviera en plena nieve... sólo que lo único que había a nuestro alrededor era el asfalto de las calles. La conclusión fue evidente: «Esa señora está loca, ¿cómo puede fingir que está esquiando en una ciudad?»

De vuelta al hotel, se lo comenté a mi editor. Éste dijo que el loco era yo: lo que había visto era un tipo de ejercicio conocido como «caminata nórdica» *(nordic walking)*. Según él, además de los movimientos de las piernas, los brazos, los hombros, se utilizan los músculos de las costillas, lo que permite un ejercicio mucho más completo.

Mi intención al caminar (que, junto con el tiro con arco y flecha, es mi pasatiempo favorito) es poder reflexionar, pensar, contemplar las maravillas a mi alrededor, conversar con mi mujer, mientras paseamos. Me pareció interesante el comentario de mi editor, pero no presté mayor atención al caso.

Cierto día, estaba en una tienda de artículos de deporte en la que comprar material para las flechas, cuando vi unos nuevos bastones usados por montañistas: ligeros, de aluminio, que se pueden abrir y cerrar, usando el sistema telescópico de un trípode fotográfico. Recordé la «caminata nórdica»: ¿por qué no probar? Compré dos pares: para mí y para mi mujer. Regulamos los bastones a la altura cómoda y el día siguiente decidimos utilizarlos.

¡Fue un descubrimiento fantástico! Subimos y bajamos una montaña, sintiendo que, en efecto, todo el cuerpo se movía, el equilibrio era mejor y el cansancio menor. Anduvimos el doble de la distancia que siempre recorremos en una hora. Recordé que en cierta ocasión intenté explorar un arroyo seco, pero las dificultades con las piedras de su lecho eran tales, que desistí de la idea. Me pareció que con los bastones sería mucho más fácil y estaba en lo cierto.

Mi mujer entró en Internet y descubrió lo siguiente: quemaba un 46 % más de calorías que en una caminata normal. Quedó entusiasmadísima y la «caminata nórdica» pasó a formar parte de nuestra vida cotidiana.

Cierta tarde, para distraerme, decidí también entrar en Internet y ver qué había al respecto. Me llevé un susto: eran páginas y más páginas, federaciones, grupos, discusiones, modelos... y reglas.

No sé lo que me movió a abrir una página sobre las reglas. Mientras leía, iba quedándome horrorizado: ¡yo estaba haciéndolo todo mal! Mis bastones debían estar regulados a una altura mayor, debían obedecer a determinado ritmo, determinado ángulo de apoyo, el movimiento del hombro era complicado, existía una forma diferente de usar el codo, todo seguía preceptos rígidos, técnicos, exactos.

Imprimí todas las páginas. El día siguiente —y los que siguieron— intenté hacer exactamente lo que los especialistas mandaban. La caminata empezó a perder interés, yo ya no veía las maravillas a mi alrededor, conversaba poco con mi mujer, no conseguía pensar en nada que no fuera las reglas. Al cabo de una semana, me hice una pregunta: ¿por qué estoy aprendiendo todo esto?

Mi objetivo no es hacer gimnasia. No creo que las personas que hacían su «caminata nórdica» al comienzo hubieran pensado en nada más que en el placer de andar, aumentar el equilibrio y mover el cuerpo entero. Intuitivamente sabíamos cuál era la altura ideal del bastón, como también intuitivamente podíamos deducir que cuanto más cerca estuvieran del cuerpo, mejor y más fácil resultaba el movimiento, pero ahora, por culpa de las reglas, yo había dejado de centrarme en las cosas que me gustan y estaba más preocupado por quemar calorías, mover los músculos, usar cierta parte de la columna.

Decidí olvidar todo lo que había aprendido. Hoy en día caminamos con nuestros dos bastones, mientras disfrutamos del mundo circundante y sentimos la alegría de ver el cuerpo exigido, movido, equilibrado, y, si quiero hacer gimnasia, en lugar de una «meditación en movimiento», buscaré un gimnasio. De momento, estoy satisfecho con mi «caminata nórdica» relajada, instintiva, aun cuando no esté quemando un 46 % más de calorías.

No sé por qué el ser humano tiene esa manía de poner reglas en todo.

Tenemos tendencia a creer siempre en la famosa ley de Murphy: todo lo que hacemos siempre tiende a salir mal. Jean-Claude Carrière cuenta una historia interesante al respecto:

«Un hombre estaba tomando, despreocupado, su café por la mañana. De repente, el pan que acababa de untar con mantequilla cayó al suelo.

»¡Cuál no fue su sorpresa cuando, al mirar abajo, vio que la parte en la que había untado la mantequilla estaba vuelta hacia arriba! El hombre pensó que había presenciado un milagro: animado, fue a conversar con sus amigos sobre lo ocurrido y todos se quedaron sorprendidos, porque el pan, cuando cae al suelo, siempre acaba con la parte untada de mantequilla hacia abajo, que queda totalmente sucia.

»–Tal vez seas un santo –dijo uno– y estés recibiendo una señal de Dios.

»La historia corrió en seguida por la pequeña aldea y todos se pusieron a comentar animadamente lo ocurrido: ¿cómo es que, al contrario de lo que siempre se decía, el pan de aquel hombre había caído al suelo de aquel modo? Como nadie conseguía encontrar una respuesta adecuada, fueron a buscar a un Maestro que vivía en las cercanías y le contaron la historia.

»El Maestro pidió que le dejaran una noche para rezar, meditar, pedir inspiración divina. El día siguiente, todos fueron a verlo, deseosos de recibir la respuesta.

»—Es una solución muy sencilla —dijo el maestro—. La verdad es que el pan cayó en el suelo exactamente como debía caer; era la mantequilla la que estaba untada por donde no se debía haber hecho.»

La verdad es que no tengo muchos libros: hace algunos años, me inclinó por ciertas opciones en la vida, guiado por la idea de lograr un máximo de calidad con el mínimo de cosas, lo que no quiere decir que optara por una vida monástica; muy al contrario, cuando no estamos obligados a poseer una infinidad de objetos, tenemos una libertad inmensa. Algunos de mis amigos (y amigas) se quejan de que, por culpa del exceso de vestuario, pierden horas de su vida intentando elegir lo que ponerse. Como yo reduje mi guardarropa a un traje negro básico, no tengo que afrontar ese problema.

Pero mi intención aquí no es la de hablar de moda y sí de libros. Volviendo a lo esencial, decidí mantener sólo cuatrocientos libros en mi biblioteca: unos por razones sentimentales; otros, porque siempre estoy releyéndolos. Adopté esa decisión por varios motivos y uno de ellos es la tristeza de ver que bibliotecas acumuladas cuidadosamente durante una vida son vendidas después al peso, sin el menor respeto. Otra razón: ¿por qué mantener todos esos volúmenes en casa? ¿Para mostrar a los amigos que soy culto? ¿Para adornar la pared? Los libros que compré serán infinitamente más útiles en una biblioteca pública que en mi casa.

Antiguamente, podía decir: los necesito porque voy a consultarlos. Pero hoy en día, cuando necesito alguna información, conecto el ordenador, escribo una palabra clave y delante de mí aparece todo lo que necesito. Ahí está Internet, la mayor biblioteca del planeta.

Claro que continúo comprando libros: no existe un medio electrónico que consiga sustituirlos. Pero, en cuanto los termino, dejo que viajen, los regalo a alguien o los entrego en una biblioteca pública. Mi intención no es la de salvar los bosques o la de ser generoso: sólo creo que un libro tiene un recorrido propio y no puede ser condenado a permanecer inmóvil en un estante.

Por ser escritor y vivir de los derechos de autor, puedo estar abogando contra mí mismo: al fin y al cabo, cuanto más libros se compraran, más ganaría. Ahora bien, sería injusto con el lector, principalmente en países en los que gran parte de los programas gubernamentales de compras para bibliotecas se hacen sin recurrir al criterio básico de una elección seria: el placer de la lectura con la calidad del texto.

Dejemos, pues, que nuestros libros viajen, sean tocados por otras manos y disfrutados por ojos ajenos. En el momento en que escribo estas líneas, recuerdo vagamente un poema de Jorge Luis Borges que habla de los libros que jamás se volverán a abrir.

¿Dónde estoy ahora? En una pequeña ciudad de los Pirineos, en Francia, sentado en un café, aprovechando el aire acondicionado, ya que la temperatura ahí fuera resulta insoportable. Resulta que tengo la obra completa de Borges en mi casa, a algunos kilómetros del local en el que estoy escribiendo: es un escritor que releo constantemente. Pero, ¿por qué no hacer la prueba?

Cruzo la calle. Camino cinco minutos hasta otro café, equipado con ordenadores (un tipo de establecimiento conocido con el simpático y contradictorio nombre de cibercafé). Saludo al dueño, pido un agua mineral heladísima, abro la página de un buscador y tecleo algunas palabras de un único verso que recuerdo, junto con el nombre del autor. Menos de dos minutos después tengo el poema completo delante de mí:

Hay una línea de Verlaine que no volveré a recordar.
Hay una calle próxima que está vedada a mis pasos.
Hay un espejo que me ha visto por última vez.

Hay una puerta que he cerrado hasta el fin del mundo.
Entre los libros de mi biblioteca (estoy viéndolos)
hay alguno que ya nunca abriré.

La verdad es que muchos de los libros que regalé tengo la impresión de que jamás volvería a abrirlos, porque siempre se publica algo nuevo, interesante, y a mí me encanta leer. Me parece muy bien que las personas tengan bibliotecas; generalmente, el primer contacto de los niños con libros se debe a la curiosidad por esos volúmenes encuadernados, con figuras y letras, pero también me parece muy bien cuando, en una tarde de firma de autógrafos, encuentro a lectores con ejemplares usadísimos, que fueron prestados decenas de veces: eso significa que ese libro ha viajado como lo hacía la mente de su autor, mientras escribía.

En cierta ocasión, en el invierno de 1981, caminaba yo, junto con mi mujer, por las calles de Praga, cuando vimos a un muchacho que dibujaba los edificios a su alrededor.

Aunque siento verdadero horror a cargar con cosas mientras viajo (y aún quedaba mucho viaje por delante), me gustó uno de sus dibujos y decidí comprarlo.

Cuando le entregué el dinero, reparé en que el muchacho no llevaba guantes a pesar del frío que hacía, con -5 ºC.

—¿Por qué no llevas guantes? —le pregunté.

—Para poder coger bien el lápiz.

Y se puso a contarme que le encantaba Praga en invierno: era la mejor estación para dibujar esa ciudad. Se puso tan contento con la compra, que decidió hacer un retrato de mi mujer, sin cobrar nada.

Mientras esperaba a que acabara el dibujo, me di cuenta de que había sucedido algo muy extraño: habíamos conversado durante casi cinco minutos sin que ninguno supiera la lengua del otro. Nos entendimos tan sólo con gestos, risas, expresiones faciales y deseo de compartir algo.

La simple voluntad de compartir algo hizo que consiguiéramos entrar en el mundo del lenguaje sin palabras, donde todo es siempre claro y no existe el menor riesgo de ser malinterpretado.

Para una mujer que es todas las mujeres

Una semana después de que terminara la Feria del Libro de Frankfurt de 2003 recibo una llamada por teléfono de mi editor de Noruega: los organizadores del concierto que se celebrará con motivo de la concesión del premio Nobel de la Paz a la iraní Shirin Ebadi me piden que escriba un texto para el acto.

Es un honor que no debo rechazar, ya que Shirin Ebadi es un mito: una mujer de 1,50 metros de alta, pero con la estatura suficiente para hacer oír su voz en defensa de los derechos humanos en los cuatro confines del mundo. Al mismo tiempo, es una responsabilidad que me da un poco de miedo: el acto será retransmitido en ciento diez países y yo tengo sólo dos minutos para hablar sobre alguien que ha dedicado toda su vida al prójimo. Camino por los bosques cercanos al molino en el que vivo, cuando estoy en Europa, y pienso varias veces en telefonear para decir que no tengo inspiración. Ahora bien, lo más interesante en la vida son los desafíos que afrontamos y acabo aceptando la invitación.

Viajo a Oslo el 9 de diciembre y el día siguiente –un hermoso día de sol– estoy en la platea en la ceremonia de entrega del premio. Las amplias ventanas del Ayuntamiento permiten ver el puerto, donde más o menos por las mismas fechas, veintiún años atrás, estaba yo sentado con mi mujer, contemplando el mar helado y comiendo camarones que acababan de llegar en los barcos pesqueros. Pienso en el largo recorrido que me llevó de aquel puerto hasta aquella sala, pero los recuerdos del pasado quedan interrumpidos por el sonido de trompetas: la entrada de la reina y de la familia real. El comité organizador entrega el premio y Shirin Ebadi pronuncia un discurso vehemente en el que denuncia el uso del terror como justificación para la creación de un Estado policial en el mundo.

Por la noche, en el concierto en homenaje a la premiada, Catherine Zeta-Jones anuncia mi texto. En ese momento, pulso una tecla de mi teléfono móvil, suena la llamada en el viejo molino (todo estaba ya preparado previamente) y mi mujer pasa a estar allí conmigo, escuchando la voz de Michael Douglas, mientras lee mis palabras.

Reproduzco a continuación el texto que escribí, y que es aplicable —creo yo— a todos cuantos luchan por un mundo mejor:

Dijo el poeta Rumi: la vida es como si un rey enviara a alguien a un país para cumplir determinada tarea. La persona va y hace un centenar de cosas... pero, si no hace lo que se le pidió, es como si no hubiera hecho absolutamente nada.

Para la mujer que entiende su tarea.

Para la mujer

que miró el camino delante de sus ojos y entendió que su caminar iba a ser muy difícil.

Para la mujer

que no intentó minimizar esas dificultades: al contrario, las denunció e hizo que resultaran visibles.

Para la mujer

que mitigó la soledad de los que están solos, que alimentó a los que tenían hambre y sed de justicia, que hizo al opresor sentirse tan mal como el oprimido.

Para la mujer

que siempre mantiene sus puertas abiertas, sus manos trabajando, sus pies en movimiento.

Para la mujer que personifica los versos de otro poeta persa, Hafez, cuando dice: ni siquiera siete mil años de alegría pueden justificar siete días de represión.

Para la mujer que está aquí esta noche:

que sea cada uno de nosotros,

que su ejemplo se multiplique

que aún tenga muchos días difíciles por delante para que pueda completar su labor. Así, para las próximas generaciones el significado de la injusticia se encontrará sólo en las definiciones de los diccionarios y jamás en la vida de seres humanos.

Que su caminar sea lento,

porque su ritmo es el ritmo del cambio

y el cambio, el cambio verdadero, siempre tarda mucho en suceder.

Alguien llega de Marruecos y me cuenta una curiosa historia sobre cómo ven ciertas tribus del desierto el pecado original.

Eva estaba paseando por el Jardín del Edén, cuando se le acercó la serpiente.

—Come esta manzana —dijo la serpiente.

Eva, muy bien instruida por Dios, se negó.

—Come esta manzana —insistió la serpiente—, porque necesitas estar más bella para tu hombre.

—No lo necesito —respondió Eva—, porque él no tiene a otra mujer: sólo a mí.

La serpiente se rió:

—Claro que tiene.

Y, como Eva no lo creía, la llevó hasta lo alto de una colina, donde había un pozo.

—Está dentro de esta caverna; Adán la ha escondido ahí.

Eva se asomó y vio, reflejada en el agua del pozo, una mujer hermosa. En el mismo momento comió la manzana que la serpiente le ofrecía.

Según esa misma tribu de Marruecos, todo aquel que se reconoce en el reflejo del pozo y ha dejado de temerse a sí mismo vuelve al Paraíso.

El periodista del *Mail on Sunday* se presenta en el hotel de Londres con una simple pregunta: si yo muriera hoy, ¿cómo sería mi funeral?

La verdad es que la idea de la muerte me acompaña todos los días desde 1986, cuando hice el Camino de Santiago. Hasta aquel momento, la idea de que todo pudiese acabar un día era aterradora; pero en una de las etapas de la peregrinación hice un ejercicio que consistía en experimentar la sensación de ser enterrado vivo. El ejercicio fue tan intenso que me hizo perder por completo el miedo y pasar a encarar la muerte como una gran compañera de jornada, que está siempre sentada a mi lado, diciendo: «Voy a tocarte y tú no sabes cuándo; por tanto, no dejes de vivir de la forma más intensa posible.»

Por eso, nunca dejo para mañana lo que pueda vivir hoy... y en eso van incluidas las alegrías, las obligaciones para con mi trabajo, expresiones de perdón cuando siento que he herido a alguien, contemplación del momento presente como si fuera el último. Puedo recordar muchas ocasiones en que sentí el perfume de la muerte: el lejano día de 1974, en el Aterro do Flamengo (Río de Janeiro), cuando el taxi en el que me encontraba fue detenido por otro coche y un grupo de paramilitares salió con armas en la mano, me pusieron una capucha en la cabeza y, aunque me aseguraron que nada iba a pasar, tuve la seguridad de que sería uno más de los desaparecidos del régimen militar.

O cuando, en agosto de 1989, me perdí en una escalada por

los Pirineos: miré los picos sin nieve y sin vegetación, me pareció que no iba a tener fuerzas para regresar y concluí que hasta el verano siguiente no descubrirían mi cuerpo. Al final, después de vagar muchas horas, conseguí encontrar una senda que me llevó hasta una aldea perdida.

El periodista del *Mail on Sunday* insiste: pero, ¿cómo sería mi entierro? Bueno, pues, conforme al testamento ya redactado, no habrá entierro: opté por la cremación y mi mujer esparcirá mis cenizas en un lugar llamado O Cebreiro, en España, donde encontré mi espada. Mis manuscritos inéditos no se podrán publicar (me asusta el número de «obras póstumas» o «baúles de textos» que los herederos de artistas, sin el menor escrúpulo, deciden publicar para ganar algún dinero; si no lo hicieron mientras estaban vivos, ¿por qué no respetan esa intimidad?). La espada que encontré en el Camino de Santiago será lanzada al mar, con lo que regresará a su lugar de procedencia. Y mi dinero, junto con los derechos de autor que sigan recibiéndose durante los cincuenta próximos años, se destinarán íntegramente a la fundación que he creado.

«¿Y su epitafio?», insiste el periodista. En realidad, como seré incinerado, no tendré esa famosa piedra con una inscripción, ya que las cenizas se las llevará el viento, pero, si tuviera que elegir una frase, pediría que se grabara allí lo siguiente: «Murió mientras estaba vivo.» Puede parecer un contrasentido, pero conozco a muchas personas que ya han dejado de vivir, aunque sigan trabajando, comiendo y realizando sus actividades sociales de siempre. Lo hacen todo de forma automática, sin comprender el momento mágico que cada día trae consigo, sin pararse a pensar en el milagro de la vida, sin entender que el próximo minuto puede ser su último momento en la faz de este planeta.

El periodista se despide, me siento ante el ordenador y decido ponerme a escribir. Sé que a nadie le gusta pensar sobre ese asunto, pero tengo un deber con mis lectores: hacer que mediten sobre las cosas importantes de la existencia. Y tal vez sea la muerte la más importante de ellas: caminamos hacia ella, nunca sabemos cuándo nos tocará y, por tanto, tenemos el deber de mirar a nuestro alrededor, agradecer cada minuto, agradecer también que nos haga pensar en la importancia de cada actitud que adoptamos o dejamos de adoptar.

Y, a partir de ahí, dejar lo que nos mantiene como «muertos vivos» y apostarlo todo, arriesgarlo todo, por las cosas que siempre soñamos con realizar.

Ya que el Ángel de la Muerte está −queramos o no− esperándonos.

En Nueva York, voy a tomar té al final de la tarde con una artista bastante poco común. Trabaja en un banco en Wall Street, pero cierto día tuvo un sueño: necesitaba ir a doce lugares del mundo y en cada uno de ellos hacer un trabajo de pintura y escultura en la propia naturaleza.

Hasta ahora, ya ha conseguido realizar cuatro de esos trabajos. Me muestra las fotos de uno de ellos: un indio esculpido en una caverna en California. Mientras espera las señales mediante los sueños, sigue trabajando en el banco: así consigue dinero para viajar y realizar su tarea.

Le pregunto por qué lo hace.

—Para mantener el mundo en equilibrio —responde—. Puede parecer una tontería, pero existe algo tenue que nos une a todos y que podemos mejorar o empeorar a medida que vamos actuando. Podemos salvar o destruir muchas cosas con un simple gesto que a veces parece absolutamente inútil.

»Puede ser incluso que mis sueños sean una tontería, pero no quiero correr el riesgo de no seguirlos: para mí, las relaciones entre los hombres son iguales a una inmensa y frágil tela de araña. Con mi trabajo, estoy intentando remendar alguna parte de esa tela.

Al fin y al cabo, éstos son mis amigos

—Este rey es poderoso porque tiene un pacto con el diablo —decía una beata en la calle. El muchacho quedó intrigado.

Tiempo después, mientras viajaba hacia otra ciudad, el muchacho oyó a un hombre a su lado comentar:

—Todas las tierras pertenecen al mismo dueño. ¡Eso es cosa del diablo!

Al final de una tarde de verano, una mujer hermosa pasó al lado de la muchedumbre.

—¡Esta muchacha está al servicio de Satanás! —gritó un predicador, indignado.

A partir de ahí, el muchacho decidió buscar al demonio.

—Dicen que usted hace poderosas, ricas y bellas a las personas —dijo el muchacho, en cuanto lo encontró.

—No es exactamente así —respondió el demonio—. Has escuchado la opinión de quienes quieren ascenderme.

Recibo por correo tres litros de productos que sustituyen a la leche; una empresa noruega quiere saber si estoy interesado en invertir en la producción de ese nuevo tipo de alimento, ya que, conforme a la opinión del especialista David Rietz, «TODA (las mayúsculas son suyas) la leche de vaca tiene cincuenta hormonas activas, mucha grasa, colesterol, dioxinas, bacterias y virus».

Pienso en el calcio, que, según me decía mi madre de niño, era bueno para los huesos, pero el especialista se me adelantó: «¿Calcio? ¿Cómo consiguen las vacas obtener suficiente calcio para su voluminosa estructura ósea? ¡De las plantas!» Claro, el nuevo producto está hecho a base de plantas y la leche queda condenada por innumerables estudios hechos en los más diversos institutos esparcidos por el mundo.

¿Y las proteínas? David Rietz es implacable: «Ya sé que llaman a la leche "carne líquida" (nunca he oído esta expresión, pero él debe de saber de lo que habla) por la gran cantidad de proteínas que contiene, pero las proteínas son las que hacen que el organismo no pueda absorber el calcio. Los países que tienen una dieta rica en proteínas también tienen un alto índice de osteoporosis (falta de calcio en los huesos).»

Esta misma tarde recibo de mi mujer un texto encontrado en Internet:

Las personas que hoy tienen entre cuarenta y sesenta años iban en coches que no tenían cinturón de seguridad, apoya-cabezas ni *airbag*. Los niños iban sueltos en el asiento trasero y armando el mayor revuelo y se divertían saltando.

Las cunas estaban pintadas con pinturas de colores «dudosas», ya que podían tener plomo u otros elementos peligrosos.

Yo, por ejemplo, formo parte de una generación que hacía los famosos carritos con rodamientos (no sé cómo explicárselo a la generación de hoy: digamos que eran bolas de metal presas entre dos aros de hierro) y bajábamos las laderas de Botafogo y usábamos los zapatos como freno y nos caíamos, nos hacíamos contusiones, pero nos sentíamos orgullosos de aquella aventura a gran velocidad.

El texto continúa:

No había teléfono móvil, nuestros padres no tenían medio de saber dónde estábamos: ¿cómo era posible? Los niños nunca tenían razón, vivían con castigos y ni aun así tenían problemas psicológicos de rechazo o falta de amor. En la escuela había los alumnos buenos y los malos: los primeros pasaban al curso siguiente, los segundos eran suspendidos. No se buscaba un psicoterapeuta para estudiar su caso: sólo se exigía que repitieran el curso.

Y, aun así, sobrevivimos con algunas rodillas arañadas y pocos traumas. No sólo sobrevivimos, sino que, además, recordamos con añoranza la época en que la leche no era un veneno, el niño debía resolver sus problemas sin ayuda, pelearse cuando fuera necesario y pasar gran parte del día sin juegos electrónicos e inventando diversiones con los amigos.

Pero volvamos al asunto inicial: decidí experimentar el nuevo y milagroso producto sustitutorio de la leche asesina.

No conseguí pasar del primer trago.

Pedí a mi mujer y a mi asistenta que probaran, sin explicar lo que era: las dos dijeron que nunca habían probado nada tan malo en su vida.

Me preocupan los niños de mañana, con sus juegos electrónicos, padres con móviles y psicoterapeutas para ayudar a cada
derrota y, sobre todo, obligados a beber esa «poción mágica» que
los mantendrá sin colesterol, osteoporosis, cincuenta y nueve
hormonas activas, toxinas.

Vivirán con mucha salud, mucho equilibrio y, cuando crezcan,
descubrirán la leche (en ese momento, posiblemente una bebida
ilegal). A saber si un científico de 2050 no se encargará de res-
catar algo que se consume desde el comienzo de los tiempos.

¿O se conseguirá la leche sólo por mediación de traficantes
de drogas?

Es posible que yo debiera morir a las 22.30 del 22 de agosto de 2004, menos de cuarenta y ocho horas antes de la fecha de mi cumpleaños. Para que el escenario de la cuasi-muerte estuviera montado, entraron en acción varios factores:

a) El actor Will Smith, en las entrevistas para promover su nueva película, siempre hablaba de mi libro *El Alquimista*.

b) La película se basaba en un libro que leí hace años y me gustó mucho: *Yo, robot* de Isaac Asimov. Decidí ir a verla, como homenaje a Smith y a Asimov.

c) La película se estrenó en una pequeña ciudad del sudoeste de Francia, en la primera semana de agosto, pero una serie de cosas sin la menor importancia hicieron que yo aplazara mi visita al cine... hasta este domingo.

Cené temprano, compartí media botella de vino con mi mujer, invité a mi asistenta para que nos acompañara (se resistió, pero acabó aceptando), llegamos a tiempo, compramos palomitas de maíz, vimos la película y nos gustó.

Tomé el coche para el trayecto de diez minutos hasta mi antiguo molino transformado en casa. Puse un disco compacto de música brasileña y decidí ir bastante despacio para que, en esos diez minutos, pudiéramos escuchar al menos tres canciones.

En la carretera de dos direcciones, que pasaba por pequeñas ciudades adormecidas, veo —surgiendo de la nada— un par de faros en el retrovisor al lado del conductor. Delante de nosotros, un cruce, debidamente balizado con postes.

Intento pisar el freno, porque sé que ese coche no va a conseguir su intento, los postes impiden por completo cualquier posibilidad de adelantamiento. Todo eso en una fracción de segundo; recuerdo haber pensado: «¡Ese sujeto está loco!», pero no tengo tiempo de hacer comentario alguno. El conductor del coche (la imagen que se me quedó grabada en la memoria es la de un Mercedes, pero no estoy seguro) ve los postes, acelera, me cierra el paso y, cuando intenta corregir su dirección, queda atravesado en la carretera.

A partir de ahí, todo parece suceder a cámara lenta: da tres vueltas de campana laterales. A continuación, el coche se desvía hacia el arcén y sigue dando vueltas, esa vez con grandes saltos, con el parachoques delantero y el trasero golpeando el suelo.

Mis faros lo iluminan todo y no puedo frenar de repente: voy siguiendo al coche que da vueltas a mi lado, parece una escena de la película que acabo de ver: sólo que, Dios mío, antes era ficción, ¡y ahora es la vida real!

El coche vuelve a la carretera y por fin se para, tumbado sobre su costado izquierdo. Veo la camisa del conductor. Me detengo a su lado y sólo pienso en una cosa: es necesario salir, ayudarlo. En ese momento siento las uñas de mi mujer clavadas a fondo en mi brazo: pide, por amor de Dios, que siga, me detenga más adelante, porque el coche accidentado puede explotar, incendiarse.

Avanzo cien metros más y me detengo. En el radiocasete sigue sonando esa música brasileña, como si nada hubiera sucedido. Todo parece tan surreal, tan distante. Mi mujer e Isabel, mi asistenta, salen corriendo hacia ese lugar. Otro coche, que viene en dirección contraria, frena. Se apea una mujer, nerviosa: sus faros también habían iluminado la escena dantesca. Pregunta si tengo móvil: sí que tengo. «Entonces, ¡llame a emergencias!»

¿Cuál es el número de emergencias? Ella me mira: ¡todo el mundo lo sabe! ¡Tres veces 51! El móvil está desconectado.

Antes de la película, siempre recuerdan que debemos hacerlo. Escribo el código de acceso, telefoneo a emergencias. Sé exactamente dónde ocurrió todo; entre la aldea de Laloubere y la aldea de Horgues.

Mi mujer y la empleada vuelven: un muchacho tiene excoriaciones, pero no parece nada grave. Después de todo lo que he visto, después de seis vueltas de campana, ¡nada grave! Salgo del coche medio atontado, se han detenido otros conductores, llegan los bomberos en cinco minutos, todo está bien.

Todo está bien. Por una mínima fracción de segundo, habría chocado conmigo, me habría lanzado al talud y todo estaría muy mal para los dos. Pésimo.

Cuando llego a casa, miro las estrellas. A veces ciertas cosas se encuentran en nuestro camino, pero, como no llegó nuestra hora, pasan rozando, sin tocarnos… aunque sean lo suficientemente claras para que podamos verlas. Agradezco a Dios la conciencia de entender que, como dice un amigo mío, sucedió todo lo que debía suceder y no sucedió nada.

Durante el Foro Económico de Davos, el premio Nobel de la Paz, Simon Peres, contó la siguiente historia:

Un rabino reunió a sus alumnos y preguntó:

—¿Cómo sabemos el momento exacto en que acaba la noche y comienza el día?

—Cuando, a distancia, podemos distinguir una oveja de un cachorro —dijo un niño.

—La verdad es —dijo otro alumno— que sabemos que ya es de día cuando podemos distinguir, a distancia, un olivo de una higuera.

—No es una buena definición.

—Entonces, ¿cuál es la respuesta? —preguntaron los chicos.

Y el rabino dijo:

—Cuando se acerca un extraño, lo confundimos con nuestro hermano y los conflictos desaparecen: ése es el momento en que ha acabado la noche y comienza el día.

Hoy está lloviendo mucho y la temperatura ronda los 3 °C. He decidido caminar –noto que, si no camino todos los días, no consigo trabajar bien–, pero sopla un viento fuerte y, al cabo de diez minutos, he vuelto al coche. He cogido el periódico en el buzón: nada importante, excepto las cosas que, según han decidido los periodistas, debíamos saber y seguir y respecto de las cuales debíamos adoptar una posición.

Voy a leer los mensajes electrónicos en el ordenador.

Nada nuevo, algunas decisiones sin importancia, que resuelvo en poco tiempo.

Pruebo a practicar un poco el arco y las flechas, pero sigue el viento, por lo que resulta imposible. Ya he escrito mi libro bienal, que esta vez se titula *El Zahir* y aún faltan unas semanas para su publicación. Ya he escrito los artículos que publico en Internet. Ya he hecho el boletín de mi página en la red. Me han hecho una exploración del estómago que por fortuna no ha detectado anomalía alguna (me asustaron mucho con la historia del tubo que entra por la boca, pero no es nada terrible). He ido al dentista. Los billetes del próximo viaje en avión, que estaban retrasándose, han llegado por correo urgente. Hay cosas que debo hacer mañana y cosas que acabé de hacer ayer, pero hoy...

Hoy no tengo absolutamente nada en lo que centrar la atención.

Me asusto: ¿no debería estar haciendo algo? En fin, si quiero inventar trabajo, no es necesario demasiado esfuerzo: siempre tenemos proyectos por realizar, bombillas que cambiar, hojas secas que barrer, ordenar libros, organizar los archivos en el ordenador, etcétera, pero, ¿y si encarara el vacío total?

Me pongo un gorro, ropa térmica, un impermeable y salgo al jardín: así conseguiré resistir el frío durante las cinco o seis próximas horas. Me siento en el césped mojado y empiezo a enumerar mentalmente lo que me pasa por la cabeza:

a) Soy inútil. En este momento, todo el mundo está ocupado, trabajando intensamente.

Respuesta: también yo trabajo intensamente, a veces doce horas al día. Hoy, por casualidad, nada tengo que hacer.

b) No tengo amigos. Estoy aquí solo, soy uno de los más famosos escritores del mundo y no suena el teléfono.

Respuesta: claro que tengo amigos, pero saben respetar mi necesidad de aislamiento cuando estoy en el viejo molino en St. Martin (Francia).

c) Tengo que salir a comprar pegamento.

Sí, acabo de recordar que ayer faltaba pegamento. ¿Y si cogiera el coche y fuese a la ciudad más próxima? Y en ese pensamiento me detengo. ¿Por qué es tan difícil quedarse como estoy ahora, sin hacer nada?

Una serie de pensamientos me pasa por la cabeza: amigos que se preocupan por cosas que aún no han sucedido, conocidos que saben ocupar cada minuto de su vida con tareas que me parecen absurdas, conversaciones sin sentido, llamadas largas de teléfono para no decir nada importante. Jefes que inventan trabajo para justificar sus cargos, empleados que sienten miedo, porque no les han dado nada importante que hacer ese día y eso puede significar que han dejado de ser útiles, madres que se torturan porque sus hijos han salido, estudiantes que se torturan por los estudios, pruebas, exámenes.

Entablo una larga y difícil lucha conmigo mismo para no levantarme y acercarme a la papelería a comprar la cola que me hace falta. La angustia es inmensa, pero estoy decidido a quedarme aquí, sin hacer nada, por lo menos unas horas. Poco a poco, la ansiedad va cediendo el lugar a la contemplación y empiezo a escuchar a mi alma. Estaba loca por conversar conmigo, pero yo vivo ocupado.

El viento sigue soplando con mucha fuerza, sé que hace frío, llueve y mañana tal vez necesite comprar pegamento. No estoy haciendo nada y estoy haciendo la cosa más importante de la vida de un hombre: estoy escuchando lo que necesitaba oír de mí mismo.

Un hombre tumbado en el suelo

El 1 de julio de 1997, a las 13.05 horas, había un hombre de unos cincuenta años tumbado en la acera de Copacabana. Yo pasé junto a él, lancé una rápida mirada y seguí mi camino en dirección a un quiosco en el que acostumbro a beber agua de coco.

Como carioca que soy, ya me he cruzado centenares (¿millares?) de veces con hombres, mujeres o niños tumbados en el suelo. Como alguien que acostumbra a viajar, ya he visto la misma escena en prácticamente todos los países en los que he estado: desde la rica Suecia hasta la miserable Rumania. He visto a personas tumbadas en el suelo en todas las estaciones del año: en el cortante invierno de Madrid, Nueva York o París, donde se quedan junto al aire caliente que sale de las estaciones del metro, en el sol abrasador del Líbano, entre los edificios destruidos por años de guerra. Las personas tumbadas en el suelo –bebidas, desabrigadas, cansadas– son algo que no constituye una novedad en la vida de nadie.

Tomé mi agua de coco. Necesitaba volver rápido, pues tenía una entrevista con Juan Arias, del periódico español *El País*. En mi camino de vuelta, vi que el hombre seguía allí, bajo el sol, y todos los que pasaban actuaban exactamente como yo: miraban y seguían adelante.

Resulta que –aunque yo no lo supiera– mi alma ya estaba cansada de ver esa misma escena tantas veces. Cuando volví a pasar junto a aquel hombre, algo más fuerte que yo me hizo arrodillarme e intentar levantarlo.

Él no reaccionaba. Le volví la cabeza y tenía sangre cerca de la sien. Entonces, ¿qué? ¿Sería una herida grave? Le limpié la piel con mi camiseta: no parecía nada grave.

En ese momento, el hombre empezó a murmurar algo así como «pide que no me peguen». Bien, estaba vivo; ahora necesitaba retirarlo del sol y llamar a la policía.

Paré al primer hombre que pasó y le pedí que me ayudara a arrastrarlo hasta la sombra entre la acera y la arena. Iba vestido con traje y llevaba cartera y un paquete, pero dejó todo a un lado y vino a ayudarme: su alma también debía de estar cansada de ver aquella escena.

Una vez colocado el hombre en la sombra, fui andando hacia mi casa: sabía que había una caseta de la policía y podría pedir ayuda allí, pero antes de llegar me crucé con dos soldados.

–Tienen a un hombre magullado delante del número tal –dije–. Lo he llevado hasta la arena. Convendría enviar una ambulancia.

Los policías dijeron que iban a tomar providencias. Listo: yo había cumplido con mi deber. Explorador de escultismo, siempre alerta. ¡La buena acción del día! El problema estaba ya en otras manos, que se responsabilizaran ellas. Y el periodista español iba a llegar a mi casa al cabo de unos minutos.

No había dado diez pasos, cuando un extranjero me interrumpió. Habló en un portugués confuso:

–Yo ya había avisado a la policía sobre ese hombre en el suelo. Me han dicho que, si no era un ladrón, no era problema suyo.

No dejé acabar de hablar a aquel hombre. Volví hasta los guardias, convencido de que sabían quién era yo, que escribía en los periódicos, salía en la televisión. Volví con la falsa impresión de que el éxito, en ciertos momentos, ayuda a resolver muchas cosas.

–¿Es usted alguna autoridad? –preguntó uno de ellos, al ver que pedía ayuda de forma más incisiva.

No tenían idea de quién era yo.

–No, pero vamos a resolver este problema ahora.

Yo iba mal vestido, con la camiseta manchada de sangre del hombre, bermudas hechas con unos antiguos vaqueros cortados, sudado. Yo era un hombre común y corriente, anónimo, sin autoridad alguna, aparte de mi hartura de ver gente tumbada en el suelo, durante decenas de años de mi vida, sin haber hecho absolutamente nada nunca.

Y eso cambió todo. Llega un momento en que superas el bloqueo o el miedo. Llega un momento en que los ojos se te ponen diferentes y las personas entienden que estás hablando en serio. Los guardias fueron conmigo y llamaron a la ambulancia.

De vuelta a casa, recordé las tres lecciones de aquel paseo: *a*) todo el mundo puede organizar una acción cuando aún es puro romanticismo; *b*) siempre hay alguien para decir: «Ahora que has empezado, ve hasta el final», y, por último, *c*) todo el mundo es autoridad, cuando está absolutamente convencido de lo que hace.

Durante un viaje, recibí un fax de mi secretaria.

«Falta un azulejo para la reforma de la cocina –decía–. Envío el proyecto original y la disposición con que el albañil lo sustituirá para compensar la falta.»

Por un lado, había el diseño que había hecho mi mujer: filas armoniosas, con una abertura para la ventilación. Por otro lado, el proyecto que resolvía la falta del azulejo: un verdadero rompecabezas, en el que los azulejos se mezclaban sin la menor estética.

«He comprado el azulejo que faltaba», me escribió mi mujer. Así se hizo y se mantuvo el diseño original.

Aquella tarde me quedé pensando mucho tiempo en lo ocurrido: ¡cuántas veces, por la falta de un simple azulejo, desfiguramos completamente el proyecto original de nuestras vidas!

Una viuda de una pobre aldea de Bengala no tenía dinero para pagar el autobús de su hijo, por lo que el chico, cuando lo matricularon en el colegio, iba a tener que cruzar, solo, un bosque. Para tranquilizarlo, ella le dijo:

—No tengas miedo del bosque, hijo mío. Pide a tu dios Krishna que te acompañe. Escuchará tu oración.

El chico hizo lo que su madre decía, Krishna apareció y pasó a llevarlo todos los días a la escuela.

Cuando llegó el día del cumpleaños del profesor, el niño pidió a su madre algún dinero para llevarle un regalo.

—No tenemos dinero, hijo. Pide a tu hermano Krishna que prepare un regalo.

El día siguiente, el niño contó su problema a Krishna. Éste le dio una vasija llena de leche.

El niño, muy animado, entregó la vasija al profesor, pero, como los otros regalos eran más bonitos, éste no le prestó la menor atención.

—Lleva esta vasija a la cocina —dijo el profesor a un ayudante.

El ayudante hizo lo que le habían ordenado, pero, al intentar vaciar la vasija, notó que volvía a llenarse sola. Inmediatamente, fue a comunicárselo al profesor, que, asombrado, preguntó al niño:

—¿De dónde has sacado esa vasija y cuál es el truco que la mantiene llena?

—Me la dio Krishna, el dios del bosque.

Todos, el maestro, los alumnos y el ayudante, se rieron.

—No hay dioses en el bosque, ¡eso es superstición! —dijo el maestro—. Si existe, ¡vamos afuera a verlo!

El grupo entero salió. El niño empezó a llamar a Krishna, pero éste no aparecía. Desesperado, hizo un último intento:

—Hermano Krishna, mi maestro quiere verte. ¡Por favor, aparece!

En ese momento, se oyó desde el bosque una voz, que resonó por todos los rincones:

—¿Cómo es que quiere verme, hijo mío? ¡Si ni siquiera cree que existo!

He pasado toda la mañana explicando que lo que me interesa no es exactamente los museos y las iglesias, sino los habitantes del país, por lo que sería mucho mejor que fuéramos al mercado. Aun así, insisten; es un día festivo y el mercado está cerrado.

—¿Adónde vamos?

—A una iglesia.

—Ya lo sabía yo.

—Hoy celebran un santo muy especial para nosotros y seguro que para usted también. Vamos a visitar el túmulo de ese santo, pero no haga preguntas y reconozca que a veces podemos tener buenas sorpresas para escritores.

—¿Cuánto se tarda en llegar?

—Veinte minutos.

«Veinte minutos» es la respuesta típica: claro que vamos a tardar mucho más, ya lo sé, pero hasta hoy han accedido a todo lo que yo había pedido, conque mejor ceder esta vez.

Estoy en Yerevan, en Armenia, en esta mañana de domingo. Monto, resignado, en el coche, veo el monte Ararat cubierto de nieve a lo lejos, contemplo el paisaje a mi alrededor. Ojalá pudiera yo estar caminando por allí, en lugar de estar metido en esta lata de metal. Mis anfitriones procuran ser amables, pero yo estoy distraído, aceptando estoicamente el «programa turístico especial». Acaban dejando extinguirse la conversación y seguimos en silencio.

Cincuenta minutos después (¡ya lo sabía yo!), llegamos a una ciudad pequeña y nos dirigimos a la iglesia, atestada. Veo que todo el mundo va vestido con traje y corbata, un acto solemnísimo, y me siento ridículo por ir vestido tan sólo con camiseta y vaqueros. Me apeo del coche, están esperándome representantes de la Unión de Escritores y me entregan una flor, me llevan por entre la multitud que está asistiendo a la misa, bajamos una escalera por detrás del altar y me encuentro ante un túmulo. Entiendo que en él debe de estar enterrado el santo, pero, antes de colocar la flor, quiero saber exactamente a quién estoy homenajeando.

—¡El Santo Traductor! —es la respuesta.

¡El Santo Traductor! En ese momento los ojos se me llenan de lágrimas.

Hoy es 9 de octubre de 2004, la ciudad se llama Oshakan y Armenia, que yo sepa, es el único lugar del mundo que declara fiesta nacional y celebra con gran solemnidad el día del Santo Traductor, San Mesrob. Además de crear el alfabeto armenio (la lengua ya existía, pero sólo en forma oral), dedicó su vida a verter en su idioma natal los más importantes textos de la época, escritos en griego, persa o cirílico. Sus discípulos y él se dedicaron a la gigantesca tarea de traducir la Biblia y los principales clásicos de la literatura de su tiempo. A partir de aquel momento, la cultura del país obtuvo su propia identidad, que se mantiene hasta hoy.

El Santo Traductor. Yo sostengo la flor en las manos, pienso en todas las personas a las que nunca conocí y a las que tal vez nunca tenga ocasión de ver, pero que en este momento están con mis libros en las manos y procurando ofrecer lo mejor de sí para mantener con fidelidad lo que deseé compartir con mis lectores; pero pienso sobre todo en mi suegro, Christiano Monteiro Oiticica, de profesión traductor, que hoy, en compañía de los ángeles y de san Mesrob, estará asistiendo a esta escena. Lo recuerdo pegado a su vieja máquina de escribir y quejándose muchas veces de lo mal pagado que estaba su trabajo (cosa que, por desgracia, sigue siendo cierta hoy), pero en seguida se apresuraba a explicar que el verdadero motivo de que siguiese con aquella tarea era su entusiasmo por compartir un conocimiento que, si no fuese por los traductores, nunca llegaría hasta su pueblo.

Rezo una oración en silencio por él, por todos aquellos que me ayudaron con mis libros y por los que me permitieron leer obras a las que nunca habría tenido acceso, con lo que contribuyeron –anónimamente– a formar mi vida y mi carácter. Cuando salgo de la iglesia, veo a niños que dibujan el alfabeto, dulces en forma de letras, flores y más flores.

Cuando el hombre mostró su arrogancia, Dios destruyó la Torre de Babel y todos pasaron a hablar lenguas diferentes, pero, con Su infinita gracia, creó también una clase de personas que iban a reconstruir esos puentes, permitir el diálogo y la difusión del pensamiento humano. Ese hombre (o mujer) cuyo nombre raras veces nos molestamos en saber cuando abrimos un libro extranjero: el traductor.

Una escritora china y yo nos disponíamos a hablar en una reunión de libreros americanos. La china, extraordinariamente nerviosa, me comentó:

—Hablar en público ya es difícil, ¡conque imagínese tener que explicar el libro propio en otro idioma!

Le dije que se dominara o también yo me pondría nervioso, pues su problema era igual al mío. De repente, se volvió, sonrió y me dijo en voz baja:

—Todo va a salir bien, no se preocupe. No estamos solos: mire el nombre de la librería de la mujer sentada detrás de mí.

En la placa de aquella mujer estaba escrito: «Librería de los Ángeles Reunidos.» Tanto ella como yo conseguimos hacer una presentación excelente de nuestros trabajos, porque los ángeles nos dieron la señal que estábamos esperando.

A veces me sorprendo con los hombros curvados y, siempre que estoy así, tengo la certeza de que algo no va bien. En ese momento, antes incluso de buscar la razón de lo que me incomoda, procuro cambiar de postura: volverla más elegante. Al colocarme de nuevo en posición erecta, me doy cuenta de que ese simple gesto me ha ayudado a tener más confianza en lo que estoy haciendo.

Se suele confundir la elegancia con la superficialidad, la moda, la falta de profundidad. Se trata de un grave error: el ser humano debe tener elegancia en sus acciones y en su postura, porque esa palabra es sinónima de buen gusto, amabilidad, equilibrio y armonía.

Es necesario tener serenidad y elegancia para dar los pasos más importantes en la vida. Claro, no vamos a acabar delirando, preocupados todo el tiempo con la forma como movemos las manos, nos sentamos, sonreímos, miramos en derredor, pero es bueno saber que nuestro cuerpo habla un lenguaje y la otra persona −aun inconscientemente− está entendiendo lo que decimos, más allá de las palabras.

La serenidad procede del corazón. Pese a sentirse muchas veces torturado por ideas de inseguridad, éste sabe que, mediante la postura correcta, puede volver a equilibrarse. La elegancia física, a la que me refiero en estas líneas, procede del cuerpo y no es algo superficial, sino el medio que ha encontrado el hombre para honrar la manera como pone los pies sobre la tierra. Por eso, cuando a veces sientas que la postura te incomoda, no pienses que es falsa o artificial: es verdadera, porque es difícil. Hace que el camino se sienta honrado por la dignidad del peregrino.

Y, por favor, nada de confundirla con arrogancia o esnobismo. La elegancia es la postura más adecuada para que el gesto sea perfecto; el paso, firme; el prójimo, respetado.

Se alcanza la elegancia cuando se descarta todo lo superfluo y el ser humano descubre la sencillez y la concentración: cuanto más simple y más sobria sea la postura, más hermosa será.

La nieve es bonita porque sólo tiene un color, el mar es bonito porque parece una superficie plana... pero tanto el mar como la nieve son profundos y conocen sus cualidades.

Camina con firmeza y alegría, sin miedo a tropezar. Todos los movimientos van acompañados por tus aliados, que te ayudan en lo que sea necesario, pero no olvides que el adversario también está observando y conoce la diferencia entre la mano firme y la mano trémula: por tanto, si estás tenso, respira hondo, piensa en que estás tranquilo... y por uno de esos milagros que no sabemos explicar, en seguida se instala la serenidad.

En el momento en que adoptes una decisión y la pongas en marcha, procura repasar mentalmente todas las etapas que necesitaste para preparar tu paso, pero hazlo sin tensión, porque es imposible tener todas las reglas en la cabeza y con el espíritu libre; a medida que revises cada una de las etapas, irás dándote cuenta de los momentos más difíciles y de cómo los superaste. Eso se reflejará en tu cuerpo, conque, ¡presta atención!

Haciendo una analogía con el tiro con arco: muchos arqueros se quejan de que, pese a haber practicado durante años el arte del tiro, siguen sintiendo que el corazón se les dispara con la ansiedad: si tiembla la mano, falla la puntería. El arte del tiro hace que nuestros errores resulten más evidentes.

El día en que estés sin amor a la vida, tu tiro será confuso, complicado. Verás que careces de la fuerza suficiente para estirar al máximo la cuerda, que no consigues hacer que el arco se curve como debe.

Y, al ver que tu tiro es confuso en esa mañana, acabarás descubriendo lo que provocó semejante imprecisión: eso hará que afrontes un problema que te incomoda, pero que hasta entonces se encontraba oculto.

Has descubierto ese problema porque tu cuerpo estaba más envejecido, menos elegante. Cambia de postura, relaja la cabeza, estira la columna, afronta el mundo con el pecho abierto; al pensar en tu cuerpo, también estás pensando en tu alma y una cosa ayudará a la otra.

¿Qué es un milagro?

Existen definiciones de todos los tipos: algo que va contra las leyes de la naturaleza, intercesiones en momentos de crisis profunda, cosas científicamente imposibles, etcétera.

Yo tengo mi propia definición: milagro es aquello que nos llena el corazón de paz. A veces se manifiesta en forma de una curación, un deseo atendido, cualquier cosa: el resultado es que, cuando sucede el milagro, sentimos una profunda veneración por la gracia que Dios nos ha concedido.

Hace veintitantos años, cuando yo vivía mi período hippy, mi hermana me invitó a ser padrino de su primera hija. Me encantó la invitación, me alegré de que no me pidiera que me cortase el pelo (en aquella época me llegaba hasta la cintura) ni me exigiese un regalo caro para mi ahijada (no tenía con qué comprarlo).

Nació la hija, pasó el primer año y el bautizo nunca llegaba. Pensé que mi hermana había cambiado de idea, fui a preguntarle qué había sucedido y respondió: «Sigues siendo el padrino. Sólo, que hice una promesa a Nhá Chica y quiero bautizarla en Baependi, porque me concedió una gracia.»

Yo no sabía dónde estaba Baependi y nunca había oído hablar de Nhá Chica. Pasó el período hippy, me volví ejecutivo de una compañía discográfica, mi hermana tuvo otra hija y nada de bautizo. Por fin, en 1978 se tomó la decisión y las dos familias —la de ella y la de su ex marido— fueron a Baependi. Allí descubrí que la tal Nhá Chica, que no tenía dinero ni para su propio sustento, había pasado treinta años construyendo una iglesia y ayudando a los pobres.

Yo acababa de pasar por un período muy turbulento de mi vida y había dejado de creer en Dios o, mejor dicho, ya no consideraba que buscar el mundo espiritual tuviese gran importancia: lo que contaba eran las cosas de este mundo y los resultados que pudiese conseguir. Había abandonado mis sueños locos de juventud −entre ellos, el de ser escritor− y no pretendía volver a tener ilusiones. Estaba allí, en aquella iglesia, sólo para cumplir con un deber social; mientras esperaba la hora del bautizo, me puse a pasear por los alrededores y acabé entrando en la humilde casa de Nhá Chica, junto a la iglesia. Dos habitaciones y un altarcito, con algunas imágenes de santos, y un florero con dos rosas rojas y una blanca.

Movido por un impulso diferente de todo lo que pensaba en aquella época hice una petición: «Si algún día consigo ser el escritor que quería ser y ya no quiero, volveré aquí, cuando tenga cincuenta años, y traeré dos rosas rojas y una blanca.»

Sólo como recuerdo del bautizo, compré un retrato de Nhá Chica. De vuelta a Río, el desastre: un autobús para de repente delante de mí, desvío el coche en una fracción de segundo, mi cuñado también consigue desviar el suyo, el coche que venía detrás choca, hay una explosión y varios muertos. Nos detuvimos al borde de la carretera, sin saber qué hacer. Me busqué un cigarrillo en el bolsillo y saqué el retrato de Nhá Chica, silencioso en su mensaje de protección.

Allí comenzó mi jornada de regreso a los sueños, a la búsqueda espiritual, a la literatura, y un día me vi de nuevo en el Buen Combate, el que entablamos con el corazón lleno de paz, porque es resultado de un milagro. Nunca me olvidé de las tres rosas. Por fin, los cincuenta años −que en aquella época parecían tan lejanos− acabaron llegando.

Y casi pasaron. Durante la Copa del Mundo, fui a Baependi a cumplir mi promesa. Alguien me vio llegar a Caxambú (donde pernocté) y un periodista vino a entrevistarme. Cuando le conté lo que estaba haciendo, me pidió:

—Hábleme de Nhá Chica. Su cuerpo ha sido exhumado esta semana y el proceso de beatificación está en el Vaticano. Las personas deben dar su testimonio.

—No —dije yo—. Es una historia muy íntima. Sólo hablaría si recibiera una señal.

Y pensé para mis adentros: «¿Qué sería una señal? ¡Sólo si alguien hablara en nombre de ella!»

El día siguiente cogí el coche y las flores y fui a Baependi. Paré a poca distancia de la iglesia, mientras recordaba al ejecutivo de la discográfica que había estado allí tiempo atrás y las muchas cosas que me habían llevado de regreso. Cuando estaba entrando en la casa, una mujer joven salió de una tienda de ropa:

—Vi que su libro *Maktub* está dedicado a Nhá Chica —dijo—. Le aseguro que ella se alegró.

Y no me pidió nada, pero aquélla era la señal que yo esperaba y ésta es la declaración pública que debía hacer.

Un conocido mío, por su incapacidad para combinar el sueño con la realización, acabó con graves problemas financieros y peor aún: comprometió a varias personas y perjudicó a gente a la que no quería herir.

Sin poder pagar las deudas que se acumulaban, llegó a pensar en el suicidio. Una tarde, caminaba por una calle, cuando vio una casa en ruinas. «Ese edificio de allí soy yo», pensó. En ese momento, sintió un inmenso deseo de reconstruir aquella casa.

Descubrió al dueño, se ofreció para hacer una reforma... y fue atendido, aunque el propietario no entendiese lo que mi amigo ganaría con aquello. Juntos consiguieron ladrillos, madera, cemento. Mi conocido trabajó con amor, sin saber por qué o para qué, pero sentía que su vida personal iba mejorando a medida que avanzaba la reforma.

Al cabo de un año, la casa estaba lista y sus problemas personales solucionados.

Caminando por las calles de São Paulo hace tres semanas, recibí de un amigo –Edinho– un folleto titulado «Instante sagrado». Estaba impreso en cuatro colores y en un papel excelente y no identificaba ninguna iglesia ni culto, sólo traía una oración en su reverso.

¡Cuál no fue mi sorpresa al ver que quien firmaba esa oración era… YO! Se había publicado al comienzo del decenio de 1980, en la contracubierta de un libro de poesía. No pensé que fuera a resistir al tiempo ni que pudiese volver a mis manos de forma tan misteriosa, pero cuando la releí, no me avergoncé de lo que había escrito.

Ya que estaba en aquel folleto y como creo en las señales, me ha parecido oportuno reproducirla aquí. Espero estimular a todos los lectores para que escriban su propia oración, en la que pidan para sí mismos y para los demás lo que consideren más importante. De ese modo, insuflamos una vibración positiva a nuestro corazón y contagiará todo lo que nos rodea.

Ésta es la oración:

Señor, protege nuestras dudas, porque la Duda es una forma de rezo. Ella es la que nos hace crecer, porque nos obliga a mirar sin miedo las muchas respuestas a una misma pregunta, y, para que eso sea posible,

Señor, protege nuestras decisiones, porque la Decisión es una forma de rezar. Danos valor para ser capaces, después de dudar, de elegir entre un camino y otro. Que nuestro sí sea siempre un SÍ y nuestro NO sea siempre un NO, que, una vez elegido el camino, nunca miremos atrás ni dejemos que nuestra alma sea roída por el remordimiento y, para que eso sea posible,

Señor, protege nuestras acciones, porque la Acción es una forma de rezar. Haz que el pan nuestro de cada día sea fruto de lo mejor que llevamos dentro de nosotros mismos, que podamos, mediante el trabajo y la Acción, compartir un poco del amor que recibimos, y, para que eso sea posible,

Señor, protege nuestros sueños, porque el Sueño es una forma de rezar. Haz que, independientemente de nuestra edad o nuestras circunstancias, seamos capaces de mantener encendida en el corazón la llama sagrada de la esperanza y la perseverancia y, para que eso sea posible,

Señor, danos siempre entusiasmo, porque el Entusiasmo es una forma de rezar. Él es el que nos vincula con el Cielo y la Tierra, con los hombres y los niños, y nos dice que el deseo es importante y merece nuestro esfuerzo. Él es el que nos dice que todo es posible, siempre que estemos totalmente comprometidos con lo que hacemos, y, para que eso sea posible,

Señor, protégenos, porque la Vida es la única forma que tenemos de manifestar Tu milagro. Que la tierra siga transformando la semilla en trigo, que sigamos transmutando el trigo en pan. Y eso sólo es posible, si tenemos Amor: por tanto, nunca nos dejes en la soledad. Danos siempre tu compañía y la compañía de los hombres y mujeres que abrigan dudas, actúan, sueñan, se entusiasman y viven como si todos los días estuvieran totalmente dedicados a Tu gloria.

Amén.

Copacabana, Río de Janeiro

Mi mujer y yo nos la encontramos en la esquina de la rua Constante Ramos, en Copacabana. Tenía unos sesenta años y estaba en una silla de ruedas, perdida en medio de la multitud. Mi mujer se ofreció a ayudarla: ella aceptó y pidió que la lleváramos a la rua Santa Clara.

De la silla de ruedas colgaban algunas bolsas de plástico. Por el camino, nos contó que ésas eran todas sus pertenencias; dormía bajo las marquesinas y vivía de la caridad ajena.

Llegamos al lugar indicado; allí estaban reunidos otros mendigos. La mujer sacó de una de las bolsas de plástico dos cartones de leche de larga duración y los distribuyó entre el grupo.

—Como hacen caridad conmigo, debo hacer caridad con los demás —fue su comentario.

Creo que cada página de este libro se lee en unos tres minutos. Pues bien, según las estadísticas, en ese espacio de tiempo morirán trescientas personas y nacerán otras seiscientas veinte.

Tal vez yo tarde media hora en escribirla: estoy concentrado en mi ordenador, con los libros a mi lado, ideas en la cabeza y coches que circulan fuera. Todo parece absolutamente normal a mi alrededor; entretanto, durante esos treinta minutos, morirán tres mil personas y seis mil doscientas acaban de ver por primera vez la luz del mundo.

¿Dónde estarán esos millares de familias que acaban de llorar la pérdida de alguien o reír con la llegada de un hijo, nieto, hermano?

Paro y medito un poco: tal vez muchas de esas muertes estén llegando al final de una larga y dolorosa enfermedad y ciertas personas se sientan aliviadas con el Ángel que ha ido a buscarlas. Además, con toda seguridad, centenares de esos niños que acaban de nacer serán abandonados en el próximo minuto y pasarán a la estadística de muerte antes de que yo termine este texto.

¡Qué cosa! Una simple estadística, que he mirado por azar, y de repente estoy sintiendo esas pérdidas y esos encuentros, esas sonrisas y esas lágrimas. ¿Cuántos estarán dejando esta vida solos, en sus cuartos, sin que nadie se dé cuenta de lo que está sucediendo? ¿Cuántos nacerán a escondidas y serán abandonados en la puerta de asilos o conventos?

Medito: yo ya formé parte de la estadística de nacimientos y un día seré incluido en el número de muertos. ¡Qué bien! Yo tengo plena conciencia de que voy a morir. Desde que hice el Camino de Santiago, entendí que —aunque la vida continúe y seamos todos eternos— esta existencia va a acabar algún día.

Las personas piensan muy poco en la muerte. Pasan la vida preocupadas por verdaderos absurdos, aplazan cosas, dejan de lado momentos importantes. No arriesgan, porque piensan que es peligroso. Se quejan mucho, pero se acobardan a la hora de adoptar decisiones. Quieren que todo cambie, pero ellas mismas se niegan a cambiar.

Si pensaran un poco más en la muerte, no dejarían nunca de hacer la llamada de teléfono que deberían hacer. Serían un poco más locas. No tendrían miedo del fin de esta encarnación... porque no se puede temer algo que va a suceder de todos modos.

Los indios dicen: «Hoy es un día tan bueno como cualquier otro para dejar este mundo.» Y un brujo comentó en cierta ocasión: «Que la muerte esté siempre sentada a tu lado. Así, cuando necesites hacer cosas importantes, te dará la fuerza y el valor necesarios.»

Espero que tú, lector, hayas llegado hasta aquí. Sería una tontería asustarse por el título, porque todos nosotros, tarde o temprano, vamos a morir y sólo quien acepta eso está preparado para la vida.

La importancia del gato en la meditación

Por haber escrito *Veronika decide morir*, un libro sobre la locura, me vi obligado a preguntar cuánta imposición por necesidad o por absurdo hay en las cosas que hacemos. ¿Por qué usamos corbata? ¿Por qué gira el reloj en el «sentido horario»? Si vivimos en un sistema decimal, ¿por qué tiene el día veinticuatro horas de sesenta minutos cada una?

El caso es que muchas de las reglas que obedecemos hoy en día carecen de fundamento. Aun así, si deseamos actuar de forma diferente, se nos considera «locos» o «inmaduros».

Entretanto, la sociedad va creando sistemas que, con el paso del tiempo, pierden su razón de ser, pero siguen imponiendo sus reglas. Una interesante historia japonesa ilustra lo que quiero decir:

«Un gran maestro zen budista, abad del monasterio de Mayu Kagi, tenía un gato que era su verdadera pasión en la vida. Así, durante las sesiones de meditación, mantenía el gato a su lado... para disfrutar al máximo de su compañía.

»Una mañana, el maestro –que ya era bastante viejo– apareció muerto. El discípulo más veterano ocupó su lugar.

»–¿Qué vamos a hacer con el gato? –preguntaron los demás monjes.

»Como homenaje a la memoria de su antiguo instructor, el nuevo maestro decidió permitir que el gato siguiera frecuentando las clases de budismo zen.

»Algunos discípulos de monasterios vecinos, que viajaban mucho por la región, descubrieron que en uno de los más afamados templos del lugar un gato participaba en las meditaciones. La historia empezó a correr.

»Pasaron muchos años. El gato murió, pero los alumnos del monasterio estaban tan acostumbrados a su presencia que se buscaron otro gato. Entretanto, los otros templos empezaron a introducir gatos en sus meditaciones: pensaban que el gato era el verdadero responsable de la fama y la calidad de la enseñanza de Mayu Kagi y olvidaban que el antiguo maestro era un instructor excelente.

»Pasó una generación y empezaron a surgir tratados técnicos sobre la importancia del gato en la meditación zen. Un profesor universitario sostuvo la tesis —aceptada por la comunidad académica— de que el felino tenía capacidad para aumentar la concentración humana y eliminar las energías negativas.

»Y así, durante un siglo, el gato fue considerado parte esencial para el estudio del budismo zen en aquella región.

»Hasta que apareció un maestro que tenía alergia al pelo de los animales domésticos y decidió retirar el gato de sus prácticas diarias con los alumnos.

»Hubo una gran reacción negativa, pero el maestro insistió. Como era un instructor excelente, los alumnos seguían con el mismo rendimiento escolar, pese a la ausencia del gato.

»Poco a poco, los monasterios —siempre en busca de ideas nuevas y ya cansados de tener que alimentar tantos gatos— fueron eliminando los animales de las clases. Al cabo de veinte años, empezaron a surgir nuevas tesis revolucionarias, con títulos convincentes como "La importancia de la meditación sin el gato" o "Equilibrar el universo zen sólo con el poder de la mente, sin ayuda de animales".

»Pasó un siglo y el gato salió totalmente del ritual de meditación zen en aquella región, pero fueron necesarios doscientos años para que todo volviera a la normalidad, ya que durante todo ese tiempo nadie se preguntó por qué estaba allí el gato.

»¿Y cuántos de nosotros, en nuestras vidas, se atreven a preguntar: por qué tengo que actuar de esta manera? ¿Hasta qué punto estamos usando "gatos" inútiles en lo que hacemos, que no tenemos valor para eliminar, porque nos han dicho que los "gatos" eran importantes para que todo funcionara bien?

»¿Por qué, en este último año del milenio, no buscamos una forma diferente de actuar?»

Cerca de Olite, en España, existe un castillo en ruinas. Decido visitarlo y, cuando ya estoy delante de él, un señor en la puerta me dice:

—No puede entrar.

Mi intuición me asegura que está prohibiéndomelo por el placer de prohibir. Le explico que vengo de lejos, intento darle una propina, ser simpático, digo que se trata de un castillo en ruinas… de repente, entrar en aquel castillo se ha vuelto muy importante para mí.

—No puede entrar —repite el señor.

Sólo queda una opción: seguir adelante y esperar a que me lo impida físicamente. Me dirijo a la puerta. Él me mira, pero no hace nada.

Cuando salgo, dos turistas se acercan y entran. El viejo no intenta impedírselo. Noto que, gracias a mi resistencia, el viejo ha decidido dejar de crear reglas absurdas. A veces, el mundo nos pide luchar por cosas que no conocemos, por razones que jamás vamos a descubrir.

1) Todos los hombres son diferentes y deben hacer lo posible por seguir siéndolo.

2) A todos los seres humanos se les han concedido dos formas de actuar: la acción y la contemplación. Las dos conducen al mismo lugar.

3) A todos los seres humanos se les han concedido dos cualidades: el poder y el don. El poder dirige al hombre al encuentro con su destino; el don lo obliga a compartir con los demás lo mejor que tiene en sí mismo.

4) A todos los seres humanos se les otorgó una virtud: la capacidad de elegir. Quien no utiliza esa virtud la transforma en una maldición y otros elegirán por él.

5) Todo ser humano tiene derecho a dos bendiciones, a saber: la de acertar y la de errar. En el segundo caso, siempre existe un aprendizaje que lo guiará por el camino recto.

6) Todo ser humano tiene una orientación sexual propia y debe ejercerla sin culpa, siempre y cuando no obligue a los demás a ejercerla como él.

7) Todo ser humano tiene una Leyenda Personal por cumplir y ésa es su razón para estar en este mundo. La Leyenda Personal se manifiesta mediante el entusiasmo con su tarea propia.

Artículo único: se puede abandonar por un tiempo la Leyenda Personal, siempre que no se la olvide y se vuelva a ella en cuanto sea posible.

8) Todo hombre tiene su parte femenina y toda mujer su par-

te masculina. Es necesario usar la disciplina con intuición y la intuición con objetividad.

9) Todo ser humano debe conocer dos lenguajes: el de la sociedad y el de las señales. Uno sirve para la comunicación con los otros; el otro, para entender los mensajes de Dios.

10) Todo ser humano tiene derecho a buscar la alegría y se entiende por tal algo que lo pone contento... no necesariamente algo que pone contentos a los otros.

11) Todo ser humano debe mantener viva dentro de sí la sagrada llama de la locura y debe comportarse como una persona normal.

12) Se consideran faltas graves sólo las siguientes: no respetar el derecho del prójimo, dejarse paralizar por el miedo, sentirse culpable, considerar que no merece el bien y el mal que le sucede en la vida y ser cobarde.

Artículo 1: amaremos a nuestros enemigos, pero no constituiremos alianzas con ellos. Fueron colocados en nuestro camino para probar nuestra espada y merecen el respeto de nuestra lucha.

Artículo 2: elegiremos a nuestros enemigos.

13) Todas las religiones conducen al mismo Dios y todas merecen el mismo respeto.

Artículo único: un hombre que elige una religión también está eligiendo una forma colectiva de adorar y compartir los misterios. Ahora bien, él es el único responsable de sus acciones por el camino y no tiene derecho a transferir a la religión la responsabilidad de sus decisiones.

14) Se decreta el fin del muro que separa lo sagrado de lo profano: a partir de ahora, todo es sagrado.

15) Todo lo que se hace en el presente afecta al futuro como consecuencia y al pasado como redención.

16) Se revocan las disposiciones contrarias.

Destruir y reconstruir

Me invitan a ir a Guncan-Gima, donde existe un templo budista zen. Cuando llego allí, me quedo asombrado: la bellísima estructura está situada en medio de un bosque inmenso, pero con un gigantesco terreno baldío al lado.

Pregunto la razón de ser de ese terreno y el encargado me explica:

—Es el lugar para la próxima construcción. Cada veinte años, destruimos este templo que ve usted y lo reconstruimos al lado.

»De ese modo, los monjes carpinteros, albañiles y arquitectos tienen la posibilidad de estar siempre ejerciendo sus capacidades y enseñarlas (en la práctica) a sus aprendices. Mostramos también que nada en la vida es eterno… e incluso los templos están en un proceso de constante perfeccionamiento.

Henry James compara la experiencia con una inmensa tela de araña esparcida a nuestro alrededor y que puede atrapar no sólo lo necesario, sino también el polvo que hay en el aire.

Muchas veces, lo que llamamos «experiencia» no es otra cosa que la suma de nuestras derrotas, conque miramos al frente con el miedo de quien ya ha cometido bastantes errores en la vida... y no tiene valor para dar el próximo paso.

En ese momento conviene recordar las palabras de lord Salisbury: «Si crees totalmente en los médicos, pensarás que todo hace daño a la salud. Si crees totalmente en los teólogos, te convencerás de que todo es pecado. Si crees totalmente en los militares, concluirás que nada es absolutamente seguro.»

Es necesario aceptar las pasiones y no renunciar al entusiasmo de las conquistas; forman parte de la vida y alegran a todos los que participan en ellas, pero el Guerrero de la Luz nunca pierde de vista las cosas duraderas ni los vínculos creados con solidez a través del tiempo: sabe distinguir lo pasajero de lo definitivo.

Ahora bien, hay un momento en que las pasiones desaparecen sin avisar. Pese a su sabiduría, se deja dominar por el desánimo: de un momento a otro, la fe ya no es la misma de antes, las cosas no suceden como soñaba, las tragedias surgen de forma injusta e inesperada y pasa a creer que sus oraciones ya no son oídas.

Sigue rezando y frecuentando los cultos de su religión, pero no consigue engañarse; el corazón no responde como antes y las palabras parecen no tener sentido.

En ese momento, sólo existe un camino posible: seguir practicando. Decir las oraciones por obligación o por miedo o por el motivo que sea... pero seguir rezando. Insistir, aunque todo parezca inútil.

El ángel encargado de recoger tus palabras —y que es también responsable de la alegría de la fe— está dando un paseo, pero en seguida volverá y sólo podrá localizarte, si oye una oración o una petición en tus labios.

Dice la leyenda que, después de una exhaustiva sesión matinal de oraciones en el monasterio de Piedra, el novicio preguntó al abad si las oraciones hacían que Dios se aproximara a los hombres.

—Voy a responderle con otra pregunta —dijo el abad—. ¿Harán salir el sol mañana todas esas oraciones que usted reza?

—¡Claro que no! ¡El sol sale porque obedece a una ley universal!

—Entonces ésa es la respuesta a su pregunta —dijo el abad—. Dios está cerca de nosotros, independientemente de las oraciones que digamos.

El novicio se rebeló:

—¿Quiere usted decir que nuestras oraciones son inútiles?

—En absoluto. Si usted no se despierta temprano, nunca conseguirá ver el sol naciente. Si no reza, aunque Dios esté siempre cerca, usted nunca conseguirá notar Su presencia.

Orar y vigilar: ése debe ser el lema del Guerrero de la Luz. Si sólo vigila, empezará a ver fantasmas donde no existen. Si sólo ora, no tendrá tiempo para ejecutar las obras que tanto necesita el mundo. Cuenta otra leyenda —esta vez de Verba Seniorum— que el abad Pastor acostumbraba a decir que el abad João había rezado tanto, que no tenía que preocuparse más: sus pasiones habían resultado vencidas.

Las palabras del abad Pastor acabaron llegando a oídos de

uno de los sabios del monasterio de Sceta. Éste llamó a los novicios después de la cena.

—Ustedes han oído decir que el abad João ya no tiene tentaciones que vencer —dijo—. La falta de lucha debilita el alma. Vamos a pedir al Señor que envíe una tentación muy poderosa al abad João y, si la vence, vamos a pedir otra y otra y, cuando esté de nuevo luchando contra las tentaciones, vamos a rezar para que nunca diga: «Señor, aleja de mí este demonio.» Vamos a rezar para que pida: «Señor, dame fuerzas para afrontar el Mal.»

—A veces la gente se acostumbra a lo que ve en las películas y acaba olvidando la verdadera historia —dice un amigo mientras contemplamos juntos el puerto de Miami—. ¿Recuerdas *Los diez mandamientos*?

—Claro que sí. Moisés (Charlton Heston), en determinado momento, levanta el bastón, las aguas se separan y el pueblo hebreo atraviesa el mar.

—En la Biblia es diferente —comenta mi amigo—. En ella Dios ordena a Moisés: «Di a los hijos de Israel que avancen.» Y hasta después de que empiecen a andar no levanta Moisés el bastón y se abre el mar Rojo.

—Sólo el valor en el camino hace que el camino se manifieste.

El padre Zeca, de la Iglesia de la Resurrección en Copacabana, cuenta que iba en un autobús y de repente oyó una voz que lo instaba a levantarse y predicar la palabra de Cristo allí mismo.

Zeca empezó a conversar con la voz: «Van a considerarme ridículo, éste no es el lugar para dar un sermón», dijo, pero algo en su interior insistía en que era necesario hablar. «Soy tímido; por favor, no me pidas eso», imploró.

El impulso interior persistía.

Entonces recordó su promesa: abandonarse a todos los designios de Cristo. Se levantó –muerto de vergüenza– y empezó a hablar del Evangelio. Todos escucharon en silencio. Él miraba a cada uno de los pasajeros y pocos eran los que apartaban la vista. Dijo todo lo que sentía, terminó su sermón y volvió a sentarse.

Hoy sigue sin saber qué tarea cumplió en aquel momento, pero está absolutamente seguro de que cumplió una tarea.

SIC TRANSIT GLORIA MUNDI. De ese modo define san Pablo la condición humana en una de sus epístolas: la gloria del mundo es transitoria. Y, aun así, el hombre siempre parte en busca del reconocimiento por su trabajo. ¿Por qué? Uno de los mayores poetas brasileños, Vinícius de Moraes, dice en una de sus letras:

> Y, aun así, hay que cantar,
> más que nunca hay que cantar.

Vinícius de Moraes resulta brillante en esas frases. Recordando a Gertrude Stein, en su poema «Una rosa es una rosa, es una rosa», sólo dice que hay que cantar. No da explicaciones ni justifica ni usa metáforas. Cuando presenté mi candidatura a la Academia Brasileña de las Letras, al cumplir el ritual de entrar en contacto con sus miembros, oí al académico Josué Montello algo semejante. Me dijo: «Todo hombre tiene el deber de seguir el camino que pasa por su aldea.»

¿Por qué? ¿Qué hay en ese camino?

¿Qué fuerza es esa que nos impele a alejarnos de la comodidad de lo familiar y nos hace afrontar desafíos, aun sabiendo que la gloria del mundo es transitoria?

Creo que ese impulso se llama: la búsqueda del sentido de la vida.

Durante muchos años busqué en los libros, en el arte, en la ciencia, en los peligrosos o cómodos caminos que recorrí una respuesta definitiva a esa pregunta. Encontré muchas, algunas que me convencieron durante años, otras que no resistieron un solo día de análisis; ahora bien, ninguna de ellas fue suficientemente fuerte para que ahora pudiera yo decir: el sentido de la vida es éste.

Hoy estoy convencido de que nunca recibiremos esa respuesta en esta existencia, si bien, al final, en el momento en que estemos de nuevo ante el Creador, comprenderemos cada una de las oportunidades que se nos ofrecieron... entonces aceptada o rechazada.

En un sermón de 1890, el pastor Henry Drummond habla de ese encuentro con el Creador. Dice:

> En ese momento la gran pregunta del ser humano no será: «¿Cómo he vivido?»
>
> Será, eso sí: «¿Cómo he amado?»
>
> La prueba final de toda búsqueda es la dimensión de nuestro Amor. No se tendrá en cuenta lo que hicimos, aquello en lo que creímos, lo que conseguimos.
>
> Nada de eso se nos cobrará, pero sí nuestra forma de amar al prójimo. Los errores que cometimos ni siquiera se recordarán. No seremos juzgados por el mal que hicimos, sino por el bien que dejamos de hacer, pues mantener el Amor encerrado dentro de sí es ir contra el espíritu de Dios, es la prueba de que nunca lo conocimos, de que Él nos amó en vano.

La gloria del mundo es transitoria y no es la que nos da la dimensión de nuestra vida, sino la opción de seguir nuestra Leyenda Personal, creer en nuestras utopías y luchar por ellas. Somos todos protagonistas de nuestra existencia y muchas veces son los héroes anónimos los que dejan las marcas más duraderas.

Cuenta una leyenda japonesa que cierto monje, entusiasmado por la belleza del libro chino *Tao Te King*, decidió reunir fondos para traducir y publicar aquellos versos en su lengua patria. Tardó diez años en conseguir lo suficiente.

Entretanto, una peste asoló su país y el monje decidió usar el dinero para aliviar el sufrimiento de los dolientes, pero, en cuanto se normalizó la situación, de nuevo partió a recaudar la cantidad necesaria para la publicación del *Tao*; pasaron más de diez años y, cuando ya se disponía a imprimir el libro, un maremoto dejó a centenares de personas sin abrigo.

El monje de nuevo gastó el dinero en la reconstrucción de casas para los que lo habían perdido todo. Transcurrieron otros diez años y volvió a recaudar el dinero y por fin el pueblo japonés pudo leer el *Tao Te King*.

Dicen los sabios que, en realidad, aquel monje hizo tres ediciones del *Tao*: dos invisibles y una impresa. Creyó en su utopía, riñó un buen combate, mantuvo la fe en su objetivo, pero no dejó de prestar atención a sus semejantes. Que sea así con todos nosotros: a veces los libros invisibles, nacidos de la generosidad para con el prójimo, son tan importantes como los que ocupan nuestras bibliotecas.

Hace algún tiempo, mi mujer ayudó a un turista suizo en Ipanema, que se decía víctima de unos ladronzuelos. En un portugués pésimo, con marcado acento, afirmó estar sin pasaporte ni dinero ni lugar para dormir.

Mi mujer le pagó un almuerzo, le dio la cantidad necesaria para que pudiera pasar una noche en el hotel, mientras se ponía en contacto con su embajada, y se marchó. Días después, un periódico carioca informaba de que el tal «turista suizo» era en realidad otro bellaco creativo, que fingía un acento inexistente, abusaba de la buena fe de las personas que aman a Río y desean acabar con la mala fama –justa o injusta– que ha pasado a ser nuestra tarjeta postal.

Al leer la noticia, mi mujer sólo hizo un comentario: «Eso no va a impedirme seguir ayudando.»

Su comentario me hizo recordar la historia del sabio que cierta tarde llegó a la ciudad de Akbar. Las personas no dieron demasiada importancia a su presencia y sus enseñanzas no consiguieron interesar a la población. Al cabo de un tiempo, se convirtió en motivo de risa e ironía de los habitantes de la ciudad.

Un día, mientras paseaba por la calle principal de Akbar, un grupo de hombres y mujeres empezó a insultarlo. En lugar de fingir que ignoraba lo que sucedía, el sabio se dirigió hacia ellos y los bendijo.

Uno de los hombres comentó:

–¿Es que estamos, además, ante un hombre sordo? Gritamos cosas horribles, ¡y él nos responde con palabras hermosas!

–Cada uno de nosotros sólo puede ofrecer lo que tiene –fue la respuesta del sabio.

El 31 de octubre de 2004, aprovechando una ley feudal que fue abolida el mes siguiente, la ciudad de Prestopans, en Escocia, concedió el perdón oficial a ochenta y una personas —y sus gatos— ejecutadas por prácticas de brujería entre los siglos XVI y XVII.

Según la portavoz oficial de los barones de Prestoungrange y Dolphinstoun, «la mayoría había sido condenada sin prueba concreta alguna [...] basándose sólo en los testimonios de la acusación, que declaraban sentir la presencia de espíritus malignos».

No vale la pena recordar de nuevo todos los excesos de la Inquisición, con sus cámaras de tortura y sus hogueras con llamas de odio y venganza, pero hay algo que me intriga mucho en esa noticia.

La ciudad y el decimocuarto barón de Prestoungrange y Delphinstoun están «concediendo el perdón» a personas ejecutadas brutalmente. Estamos en pleno siglo XXI y los descendientes de los verdaderos criminales, los que mataron a inocentes, aún se consideran con derecho a «perdonar».

Entretanto, una nueva caza de brujas empieza a ganar terreno. Esta vez el arma ya no es el hierro candente, sino la ironía o la represión. Todos cuantos, al aplicar un don (generalmente descubierto por casualidad), se atreven a hablar de su capacidad, son la mayoría de las veces mirados con desconfianza por sus padres, maridos, esposas que les prohíben decir nada al respecto. Por haberme interesado desde joven por lo que llaman «ciencias ocultas», acabé entrando en contacto con muchas de esas personas.

Creí a charlatanes, claro. Dediqué mi tiempo y mi entusiasmo a «maestros» que más adelante dejaron caer la máscara, con lo que demostraron el vacío total en que se encontraban. Participé irresponsablemente en ciertas sectas, practiqué rituales que me hicieron pagar un alto precio. Todo ello en nombre de una búsqueda absolutamente natural en el hombre: la respuesta al misterio de la vida.

Pero también conocí a mucha gente que realmente era capaz de lidiar con fuerzas que superaban mi comprensión. Vi alteraciones del tiempo, por ejemplo. Vi operaciones sin anestesia y en una de esas ocasiones (precisamente en un día en que me había despertado con muchas dudas sobre el poder desconocido del hombre) metí el dedo dentro de la incisión hecha con una navaja oxidada. Pueden creerlo... o ridiculizarlo, si ésa es su única forma de interpretar lo que estoy escribiendo, el caso es que vi transmutación de metales, cubiertos torcidos, luces que brillaban en el aire a mi alrededor, porque alguien dijo que así iba a suceder (y sucedió). Casi siempre estaba con testigos, generalmente incrédulos. La mayoría de las veces esos testigos siguieron mostrándose incrédulos, pues seguían opinando que todo era un simple «truco» bien elaborado. Otros decían que era «cosa del diablo». Por último, unos pocos creyeron que estaban presenciando fenómenos que superaban la comprensión humana.

Pude ver todo eso en Brasil, en Francia, en Inglaterra, en Suiza, en Marruecos, en Japón. ¿Y qué sucede con la mayoría de las personas que conseguían —por decirlo así— transgredir las leyes «inmutables» de la naturaleza? La sociedad las considera siempre un fenómeno marginal: si no pueden explicarlas, entonces no existen. La gran mayoría de esas personas tampoco entiende por qué son capaces de hacer cosas sorprendentes y, con miedo de ser tachadas de charlatanas, acaban sofocadas por sus propios dones.

Ninguna de ellas es feliz. Todas esperan el día en que puedan ser tomadas en serio. Todas esperan una respuesta científica a sus propios poderes (y, en mi opinión, no creo que el camino sea ése). Muchas ocultan sus posibilidades y acaban sufriendo porque podrían ayudar al mundo y no lo consiguen. En el fondo, me parece que esperan también el «perdón oficial» por ser tan diferentes.

Aun separando la cizaña del trigo, aun no dejándose desanimar por la gigantesca cantidad de charlatanería, creo que debemos preguntarnos de nuevo: ¿de qué somos capaces?

Y, con serenidad, ir en busca de nuestro inmenso potencial.

Sobre el ritmo y el Camino

—Ha faltado algo en su charla sobre el Camino de Santiago —me dice una peregrina, al salir de la Casa de Galicia, en Madrid, donde minutos antes acababa yo de pronunciar una conferencia.

Debieron de faltar muchas cosas, pues mi intención allí era sólo la de compartir un poco mi experiencia. Aun así, la invito a tomar un café, con curiosidad por lo que considera una omisión importante.

Y Begoña —ése es su nombre— me dice:

—He notado que la mayoría de los peregrinos, ya sea en el Camino de Santiago o en los caminos de la vida, siempre procura seguir el ritmo de los demás.

»Al principio de mi peregrinación, yo procuraba ir junto a mi grupo. Me cansaba, exigía a mi cuerpo más de lo que podía dar, vivía tensa y acabé teniendo problemas en los tendones del pie izquierdo. Imposibilitada de andar durante dos días, entendí que sólo conseguiría llegar a Santiago si obedecía a mi ritmo personal.

»Tardé más que los otros, tuve que caminar sola por muchos trechos, pero sólo respetando mi propio ritmo conseguí concluir el Camino. Desde entonces aplico eso a todo lo que debo hacer en la vida: respeto mi tiempo.

Desde muy joven descubrí que el viaje era, para mí, la mejor forma de aprender. Aún hoy sigo con esta alma de peregrino y he decidido relatar algunas de las lecciones que he aprendido con la esperanza de que puedan ser útiles a otros peregrinos como yo.

1) EVITA LOS MUSEOS. El consejo puede parecer absurdo, pero vamos a reflexionar un poco juntos: si estás en una ciudad extranjera, ¿no es mucho más interesante ir en busca del presente que del pasado? Resulta que las personas se sienten obligadas a ir a los museos, porque desde niños aprendieron que viajar es buscar ese tipo de cultura. Está claro que los museos son importantes, pero exigen tiempo y objetividad: necesitas saber qué deseas ver en ellos o, si no, saldrás con la impresión de que has visto una porción de cosas fundamentales para tu vida, pero no recuerdas cuáles son.

2) FRECUENTA LOS BARES. En éstos, al contrario que en los museos, se manifiesta la vida de la ciudad. Los bares no son discotecas, sino lugares a los que va el pueblo, toma algo, piensa en el tiempo y estate siempre dispuesto a conversar. Compra un periódico y no dejes de quedarte contemplando las entradas y salidas. Si alguien te da palique, por tonto que sea, pega la hebra: no se puede juzgar la belleza de un camino mirando sólo el comienzo.

3) ESTATE DISPONIBLE. El mejor guía de turismo es quien mora en el lugar, lo conoce todo, está orgulloso de su ciudad,

pero no trabaja en una agencia. Sal a la calle, elige a la persona con la que deseas conversar y pide informaciones (¿dónde queda la catedral? ¿Dónde está la oficina de Correos?). Si no da resultado, prueba con otra... seguro que al final del día encontrarás una compañía excelente.

4) PROCURA VIAJAR SOLO O, SI ESTÁS CASADO, CON TU CÓNYUGE. Dará más trabajo, no habrá nadie que cuide de ti o de los dos, pero sólo de esa manera podrás realmente salir de tu país. Los viajes en grupo son una forma disfrazada de estar en una tierra extranjera, pero hablando la lengua materna, obedeciendo lo que manda el jefe del rebaño, interesándote más por los chismes del grupo que por el lugar que estés visitando.

5) NO COMPARES. No compares nada: ni precios ni limpieza ni calidad de vida ni medio de transportes, ¡nada! No estás viajando para demostrar que vives mejor que los otros: lo que de verdad buscas es saber cómo viven los otros, qué pueden enseñar, cómo afrontan la realidad y lo extraordinario de la vida.

6) ENTIENDE QUE TODO EL MUNDO TE ENTIENDE. Aunque no hables la lengua, no tengas miedo: yo ya he estado en muchos lugares en los que no había manera de comunicar con palabras y siempre he acabado encontrando apoyo, orientación, sugerencias interesantes e incluso amantes. Algunas personas consideran que, si viajan solas, van a salir a la calle y a perderse para siempre. Basta con llevar la tarjeta del hotel en el bolsillo y –en una situación extrema– tomar un taxi y enseñársela al conductor.

7) NO COMPRES MUCHO. Gasta tu dinero en cosas que no debas cargar: buenas obras de teatro, restaurantes, paseos. Hoy en día, con el mercado mundial e Internet, puedes tenerlo todo sin pagar exceso de equipaje.

8) NO INTENTES VER EL MUNDO EN UN MES. Más vale quedarse en una ciudad cuatro o cinco días que visitar cinco ciudades en una semana. Una ciudad es una mujer caprichosa, requiere tiempo para dejarse seducir y mostrarse completamente.

9) UN VIAJE ES UNA AVENTURA. Henry Miller decía que es mucho más importante descubrir una iglesia de la que nadie ha oído

hablar que ir a Roma y sentirse obligado a visitar la Capilla Sixtina, con doscientos mil turistas gritando en tus oídos. Ve a la
Capilla Sixtina, pero déjate perder por las calles, caminar por las
callejuelas, sentir la libertad de estar buscando algo que no sabes
lo que es, pero que —con toda seguridad— encontrarás y cambia-
rá tu vida.

Maria Emilia Voss, una peregrina de Santiago, cuenta la siguiente historia:

«Hacia el año 250 a.C., en la China antigua, cierto príncipe de la región de Thing-Zda estaba en vísperas de ser coronado emperador, pero antes, conforme a la ley, debía casarse.

»Como se trataba de elegir a la futura emperatriz, el príncipe debía encontrar a una joven en la que pudiera confiar ciegamente. Aconsejado por un sabio, decidió convocar a todas las jóvenes de la región para encontrar a la que fuera más digna.

»Una señora mayor, sierva del palacio desde hacía muchos años, al oír los comentarios sobre los preparativos para la audiencia, sintió una gran tristeza pues su hija alimentaba un amor secreto al príncipe.

»Al llegar a casa y contárselo a la joven, la espantó oír que también ésta pretendía comparecer.

»La señora se desesperó:

»–Hija mía, ¿qué harás allí? Estarán presentes las jóvenes más bellas y ricas de la corte. ¡Quítate esa insensata idea de la cabeza! Yo sé que estás sufriendo, pero, ¡no transformes el sufrimiento en locura!

»Y la hija respondió:

»–Querida madre, no estoy sufriendo y, menos aún, me he vuelto loca; sé que jamás podría ser elegida, pero es mi oportunidad de estar al menos unos momentos cerca del príncipe, eso ya me hace feliz... aun sabiendo que mi destino es otro.

»Por la noche, cuando la joven llegó al palacio, estaban allí, efectivamente, todas las jóvenes más bellas, con las ropas más elegantes y las joyas más preciosas y dispuestas a luchar de cualquier modo por la oportunidad que se les brindaba.

»El príncipe, rodeado de su corte, anunció el desafío:

»—Daré a cada una de ustedes una semilla. La que dentro de seis meses me traiga la flor más linda será la futura emperatriz de China.

»La joven cogió su semilla, la plantó en un tiesto y, como no tenía demasiada habilidad para las artes de la jardinería, cuidaba la tierra con mucha paciencia y ternura, pues pensaba que, si la belleza de las flores surgiera como prolongación de su amor, no tenía que preocuparse por el resultado.

»Pasaron tres meses y nada brotó. La joven probó un poco de todo, habló con labradores y campesinos, que le enseñaron los más variados métodos de cultivo, pero no consiguió el menor resultado. Cada día sentía más lejano su sueño, aunque su amor seguía tan vivo como antes.

»Por fin, transcurrieron los seis meses y nada nació en su tiesto. Aun sabiendo que nada tenía para mostrar, era consciente de su esfuerzo y dedicación durante todo aquel tiempo, por lo que comunicó a su madre que volvería al palacio en la fecha y la hora convenidas. Secretamente, sabía que aquél sería su último encuentro con el amado y no estaba dispuesta a perderlo por nada del mundo.

»Llegó el día de la nueva audiencia. La joven apareció con su tiesto sin planta y vio que todas las demás pretendientes habían conseguido buenos resultados: cada una de ellas tenía una más hermosa que la otra, de los más variados colores y formas.

»Por fin, llegó el momento esperado: entra el príncipe y observa a cada una de las pretendientes con mucho cuidado y atención. Después de observarlas a todas, anuncia el resultado: indica a la hija de su sierva como su nueva esposa.

»Todos los presentes empiezan a quejarse, diciendo que ha elegido precisamente a la que no había conseguido cultivar ninguna planta.

»Entonces fue cuando, con la mayor calma, el príncipe aclaró la razón de su desafío:

»–Ésta ha sido la única que ha cultivado la flor que la ha hecho digna de llegar a ser una emperatriz: la flor de la honradez. Todas las semillas que entregué eran estériles y no podían germinar en modo alguno.»

Al mayor de los escritores brasileños

Yo había editado, con mis propios recursos, un libro titulado *Los archivos del Infierno* (del que estoy muy orgulloso y, si no está actualmente en las librerías, es sólo porque aún no me he atrevido a hacer una revisión completa de él). Todos sabemos lo difícil que es publicar un trabajo, pero existe algo aún más complicado: lograr que se coloque en las librerías. Todas las semanas mi mujer iba a visitar a los libreros en una parte de la ciudad y yo iba a otra a hacer lo mismo.

Así, estaba ella cruzando la avenida de Copacabana con ejemplares de mi libro debajo del brazo ¡y resultó que Jorge Amado y Zélia Gattai estaban al otro lado de la calzada! Sin pensarlo demasiado, los abordó y les dijo que su marido era escritor. Jorge y Zélia (que probablemente debían de escuchar lo mismo todos los días) la trataron con mucho cariño, la invitaron a un café, pidieron un ejemplar y acabaron deseándole que todo saliese bien en mi carrera literaria.

—¡Estás loca! —dije yo cuando volvió a casa—. ¿No ves que es el más importante escritor brasileño?

—Precisamente por eso —respondió ella—. Quien llega a donde ha llegado él debe de tener el corazón puro.

Las palabras de Christina no podían ser más acertadas: el corazón puro. Y Jorge, el escritor brasileño más conocido en el extranjero, era (y es) la gran referencia de lo que ocurría en nuestra literatura.

Pero un buen día *El Alquimista*, escrito por otro brasileño, entró en la lista de los más vendidos de Francia y en pocas semanas llegó al primer puesto.

Días después, recibí por correo un recorte de la lista, junto con una afectuosa carta suya, en la que me felicitaba por ello. En el puro corazón de Jorge Amado jamás entrarán sentimientos como la envidia.

Algunos periodistas –brasileños y extranjeros– empezaron a provocarlo haciéndole preguntas malintencionadas. En ningún momento se dejó llevar Jorge por el lado fácil de la crítica destructiva y pasó a ser mi defensor en un momento difícil para mí, ya que la mayor parte de los comentarios sobre mi trabajo era muy dura.

Por fin recibí mi primer premio literario en el extranjero, precisamente en Francia. Ocurrió que el día de la entrega yo iba a estar en Los Ángeles, porque tenía compromisos aceptados antes. Anne Carrière, mi editora, estaba desesperada. Habló con los editores americanos, que se negaron a aplazar mis conferencias ya programadas.

Se acercaba la fecha de la entrega del premio y el premiado no iba a poder ir: ¿qué hacer? Anne, sin consultarme, se puso en contacto con Jorge Amado y le explicó la situación. Al instante Jorge se ofreció para representarme en la entrega del premio.

Y no se limitó a eso: telefoneó al embajador brasileño y lo invitó, pronunció un hermoso discurso y dejó a todos los presentes emocionados.

Lo más curioso de todo es que yo no iba a conocer personalmente a Jorge Amado hasta casi un año después de la entrega del premio, pero su alma, ah, aprendí a admirarla como admiro sus libros: un escritor famoso que nunca desprecia a los principiantes, un brasileño que se alegra del éxito de sus compatriotas, un ser humano siempre dispuesto a ayudar cuando se le pide algo.

Del encuentro que no sucedió

Creo que, al menos una vez a la semana, tenemos delante a un extraño con el que nos gustaría conversar, pero no tenemos valor. Hace unos días recibí una carta, sobre un lance que había vivido, enviada por un lector al que llamaré Antonio. Transcribo algunos párrafos sobre lo que le ocurrió:

Iba caminando por la Gran Vía, cuando avisté a una señora, bajita, de piel clara, bien vestida, que pedía limosna a todos los que pasaban. Al acercarme, me imploró algunas monedas para un bocadillo. Como en Brasil las personas que piden siempre llevan ropa vieja y sucia, decidí no darle nada y seguí adelante, pero su mirada me dejó una sensación extraña.

Fui al hotel y de repente sentí un deseo incomprensible de volver y darle una limosna: yo estaba de vacaciones, había acabado de almorzar, llevaba dinero en el bolsillo, y debe de ser muy humillante estar en la calle, expuesto a las miradas de todos, pidiendo algo.

Volví al sitio en el que la había visto. Ya no estaba, recorrí las calles próximas y nada. El día siguiente repetí la operación, sin conseguir encontrarla.

A partir de aquel día, no conseguí dormir bien. Volví a Fortaleza, hablé con una amiga y ésta dijo que una conexión importante no había ocurrido, que debía pedir ayuda a Dios; recé y en cierto modo oí una voz según la cual debía encontrar a la mendiga de nuevo. Pasé toda la noche despertándome y llorando mucho; llegué a la conclusión de que no podía continuar así, junté dinero, compré un nuevo billete de avión y volví a Madrid a buscar a aquella mujer.

Comencé una búsqueda sin fin, no hacía otra cosa que buscarla, pero el tiempo iba pasando y el dinero acabándose. Tuve que ir a una agencia de viajes para cambiar la fecha de mi billete, ya que estaba decidido a no volver a Brasil hasta haber podido darle la limosna que le había denegado.

Cuando salía de la agencia, tropecé con un escalón y me vi dirigido hacia alguien: la mujer que buscaba.

Con gesto automático me llevé la mano al bolsillo, saqué lo que tenía y se lo entregué; sentí una profunda paz, agradecí a Dios el reencuentro sin palabras y la segunda oportunidad.

Después, he vuelto a España varias veces; sé que no volveré a encontrarla, pero he cumplido lo que me pedía el corazón.

La pareja que sonreía (Londres, 1977)

Yo estaba casado con una muchacha llamada Cecília y —en una época en que había decidido abandonar todo lo que no me entusiasmaba— fuimos a vivir a Londres. Vivíamos en la segunda planta de un pisito en Palace Street y teníamos muchas dificultades para hacer amigos, pero todas las noches, una pareja joven, al salir del pub de al lado, pasaba por delante de nuestra ventana y hacía señas y gritaba para que bajáramos.

Yo estaba preocupadísimo por los vecinos; nunca bajaba y fingía que no iba conmigo, pero la pareja repetía siempre el griterío, aun cuando no hubiera nadie en la ventana.

Una noche, bajé y me quejé del barullo. Al instante, la risa de los dos se transformó en tristeza; se disculparon y se marcharon. Entonces, aquella noche, me di cuenta de que, aunque buscaba amigos, estaba más preocupado por el «qué dirán los vecinos».

Decidí que la próxima vez los invitaría a subir y beber algo con nosotros. Pasé una semana entera en la ventana, a la hora en que acostumbraban a pasar, pero no aparecieron. Empecé a frecuentar el pub, con la esperanza de verlos, pero el dueño no los conocía.

Puse un cartel en la ventana: «Llamen de nuevo.» Lo único que conseguí fue que una noche una panda de borrachos comenzaran a gritar todas las palabrotas posibles y la vecina —por la que tanto me había preocupado yo— acabase quejándose al propietario.

Nunca más los vi.

–Siempre me ha fascinado la historia de los libros sibilinos –iba comentando a Mónica, mi amiga y agente literaria, mientras viajábamos en coche a Portugal–. Hay que aprovechar las oportunidades o, si no, se pierden para siempre.

»Las Sibilas, hechiceras capaces de prever el futuro, vivían en la antigua Roma. Un buen día, una de ellas apareció en el palacio del emperador Tiberio con nueve libros; dijo que en ellos estaba el futuro del Imperio y pidió diez talentos de oro por los textos. A Tiberio le pareció carísimo y no quiso comprarlos.

»La Sibila salió, quemó tres libros y volvió con los seis restantes. «Son diez talentos de oro», dijo. Tiberio se rió y la echó: ¿cómo tenía el valor de vender seis libros por el mismo precio que nueve?

»La Sibila quemó otros tres libros y volvió a ver a Tiberio con los tres únicos volúmenes restantes: «Cuestan los mismos diez talentos de oro.» Tiberio, intrigado, acabó comprando los tres volúmenes y sólo pudo leer una pequeña parte del futuro.

Cuando acabé de contar la historia, me di cuenta de que estábamos pasando por Ciudad Rodrigo, en la frontera de España con Portugal. Allí, cuatro años antes, me habían ofrecido un libro y no lo compré.

–Vamos a parar. Creo que el hecho de que haya recordado los libros sibilinos ha sido una señal para corregir un error del pasado.

En mi primer viaje de divulgación de mis libros por Europa, decidí comer en aquella ciudad. Después fui a visitar la catedral y me encontré con un sacerdote. «Mire cómo el sol de la tarde pone todo más bonito aquí dentro», dijo. Me gustó el comentario, conversamos un poco y me guió por los altares, claustros y jardines interiores del templo. Al final, me ofreció un libro que había escrito sobre la iglesia, pero yo no quise comprarlo. Cuando salí, me sentí culpable; soy escritor y estaba en Europa intentando vender mi trabajo: ¿por qué no comprar el libro del sacerdote, por solidaridad? Pero olvidé aquel episodio. Hasta aquel momento.

Detuve el coche; Mónica y yo nos encaminamos a la plaza delante de la iglesia, donde una mujer miraba al cielo.

–Buenas tardes. He venido a ver a un sacerdote que escribió un libro sobre esta iglesia.

–El sacerdote, que se llamaba Stanislau, murió hace un año –respondió ella.

Sentí una inmensa tristeza. ¿Por qué no había dado al padre Stanislau la misma alegría que sentía yo cuando veía a alguien con uno de mis libros?

–Fue uno de los hombres más bondadosos que he conocido –continuó la mujer–. Procedía de una familia muy humilde, pero llegó a ser un especialista en arqueología; ayudó a conseguir para mi hijo una beca en el colegio.

Le conté lo que hacía yo allí.

–No se culpe sin razón, hijo mío –dijo–. Vaya a visitar de nuevo la catedral.

Me pareció que era una señal e hice lo que me mandaba. Sólo había un sacerdote en un confesionario, esperando a los fieles que no acudían. Me dirigí a él; el padre hizo una seña para que me arrodillara, pero yo lo interrumpí.

–No quiero confesar. Sólo he venido a comprar un libro sobre esta iglesia, escrito por un hombre llamado Stanislau.

Los ojos del sacerdote brillaron. Salió del confesionario y volvió unos minutos después con un ejemplar.

—¡Qué alegría me da que haya venido usted sólo para eso! —dijo—. Soy hermano del padre Stanislau, ¡y esto me llena de orgullo! ¡Debe de estar en el Cielo, contento de ver que su trabajo tiene importancia!

Con tantos sacerdotes que había allí, yo había encontrado precisamente al hermano de Stanislau. Pagué el libro, le di las gracias y él me abrazó. Cuando ya me marchaba, oí su voz.

—¡Mire cómo el sol de la tarde pone todo más bonito aquí dentro! —dijo.

Eran las mismas palabras que el padre Stanislau me había dicho cuatro años antes. Siempre hay una segunda oportunidad en la vida.

El australiano y el anuncio del periódico

Estoy en el puerto de Sydney, contemplando el hermoso puente que une las dos partes de la ciudad, cuando se acerca un australiano y me pide que lea un anuncio de periódico.

–Son letras muy pequeñas –dice– y no consigo distinguirlas bien.

Lo intento, pero no llevo mis gafas de leer. Me disculpo.

–No tiene la menor importancia –dice él–. ¿Quiere saber una cosa? Creo que Dios también tiene vista cansada: no porque sea viejo, sino porque lo ha elegido. De ese modo, cuando alguien hace algo malo, Él no consigue verlo bien y acaba perdonando a la persona, pues no quiere cometer una injusticia.

–¿Y en cuanto a las cosas buenas? –pregunto.

–Bueno, es que Dios nunca olvida las gafas en casa –dijo riendo el australiano y se alejó.

Un amigo mío vuelve de Marruecos con una bella historia sobre un misionero que, nada más llegar a Marrakesh, decidió pasear todas las mañanas por el desierto situado en los límites de la ciudad. En su primera caminata, vio a un hombre tumbado en la arena, con la mano acariciando la tierra y el oído pegado a la tierra.

«Es un loco», se dijo a sí mismo.

Pero la escena se repitió todos los días y, pasado un mes, intrigado por aquel curioso comportamiento, decidió dirigirse a aquel extraño. Con mucha dificultad –pues aún no hablaba árabe con fluidez– se arrodilló a su lado.

–¿Qué hace usted?

–Hago compañía al desierto y lo consuelo por su soledad y sus lágrimas.

–No sabía que el desierto fuera capaz de llorar.

–Llora todos los días, porque tiene el sueño de volverse útil al hombre y transformarse en un inmenso jardín, en el que se puedan cultivar cereales y flores y criar carneros.

–Pues diga al desierto que cumple bien con su misión –comentó el misionero–. Siempre que camino por aquí, entiendo la verdadera dimensión del ser humano, pues su abierto espacio me permite ver lo pequeños que somos ante Dios.

»Cuando miro sus arenas, imagino a los millones de personas del mundo, que fueron creadas iguales, aunque no siempre el mundo sea justo con todos. Sus montañas me ayudan a meditar. Al ver el sol naciente en el horizonte, mi alma se llena de alegría y me aproximo al Creador.

El misionero se separó de aquel hombre y volvió a sus asuntos diarios. ¡Cuál no sería su sorpresa, la mañana siguiente, al encontrárselo en el mismo lugar y en la misma posición!

—¿Le comentó al desierto lo que le dije? —preguntó.

El hombre asintió con la cabeza.

—Y, aun así, ¿sigue llorando?

—Puedo oír cada uno de sus sollozos. Ahora llora porque pasó millares de años pensando que era inútil y desperdició todo este tiempo blasfemando contra Dios y su destino.

—Pues cuéntele que, a pesar de que el ser humano tiene una vida mucho más corta, también pasa muchos de sus días pensando que es inútil. Raras veces descubre la razón de su destino y considera que Dios ha sido injusto con él. Cuando llega el momento en que, por fin, algún acontecimiento le muestra la razón para que haya nacido, le parece que es demasiado tarde para cambiar de vida y sigue sufriendo y, como el desierto, se siente culpable por el tiempo perdido.

—No sé si el desierto oirá —dijo el hombre—. Ya está acostumbrado al dolor y no consigue ver las cosas de otro modo.

—Entonces vamos a hacer lo que yo siempre hago cuando siento que las personas han perdido la esperanza. Vamos a rezar.

Los dos se arrodillaron y rezaron; uno se puso mirando a La Meca, porque era musulmán, y el otro juntó las manos en señal de plegaria, porque era católico. Rezaron cada cual a su Dios, que siempre ha sido el mismo Dios, aunque las personas insistieran en llamarlo con nombres diferentes.

Al día siguiente, cuando el misionero reanudó su paseo matinal, el hombre ya no estaba allí. En el lugar en el que acostumbraba a abrazar la arena, el suelo parecía mojado, ya que había nacido una fuentecilla. En los meses siguientes, la fuente creció y los habitantes de la ciudad construyeron un pozo a su alrededor.

Los beduinos llaman al lugar «Pozo de las lágrimas del desierto». Dicen que todo aquel que bebe de su agua conseguirá transformar el motivo de su sufrimiento en la razón de su alegría y acabará encontrando su verdadero destino.

Me encuentro a Isabella en un restaurante al que acostumbramos a ir, porque siempre está vacío, aunque la comida es excelente. Me cuenta que, durante su viaje a Nepal, pasó unas semanas en un monasterio. Una tarde, estaba paseando por las cercanías con un monje, cuando éste abrió la bolsa que llevaba y se quedó un largo rato mirando su contenido. Luego comentó a mi amiga:

–¿Sabe que los plátanos pueden enseñarle el significado de la existencia?

Sacó un plátano podrido de la bolsa y lo tiró.

–Ésta es la vida que ha pasado, no fue aprovechada en el momento oportuno y ahora es demasiado tarde.

Después sacó de la bolsa un plátano aún verde, se lo enseñó y volvió a guardarlo.

–Ésta es la vida que aún no ha sucedido, hay que esperar al momento oportuno.

Por último, sacó un plátano maduro, lo peló y lo compartió con Isabella.

–Éste es el momento presente. Sepa devorarlo sin miedo ni culpa.

Hace muchos siglos, en la época de los samuráis, se escribió en Japón un texto sobre el arte espiritual de manejar la espada: *La comprensión impasible*, también conocido como *El tratado de Tahlan*, nombre de su autor (que era al mismo tiempo un maestro de esgrima y un monje zen). A continuación he adaptado algunos pasajes:

MANTENER LA CALMA. Quien comprende el sentido de la vida sabe que nada tiene comienzo ni fin y, por tanto, no se angustia. Lucha por lo que cree sin intentar probar nada a nadie, conservando la calma silenciosa de quien ha tenido el valor de elegir su destino.

Eso es aplicable al amor y a la guerra.

PERMITIR LA PRESENCIA DEL CORAZÓN. Quien confía en su poder de seducción, en la capacidad de decir las cosas en el momento oportuno, en el uso correcto del cuerpo, hace oídos sordos a «la voz del corazón». Ésta sólo puede ser oída cuando estamos en perfecta sintonía con el mundo que nos rodea y nunca cuando nos consideramos el centro del Universo.

Esto es aplicable al amor y a la guerra.

APRENDER A SER EL OTRO. Estamos tan centrados en lo que consideramos la mejor actitud, que olvidamos algo mucho más importante: para alcanzar nuestros objetivos, necesitamos a otras personas. Por tanto, es necesario no sólo observar el mundo, sino también imaginarse en la piel de los demás y saber cómo acompañar sus pensamientos.

Eso es aplicable al amor y a la guerra.

ENCONTRAR AL MAESTRO CORRECTO. Nuestro camino se cruzará siempre con mucha gente que, por amor o soberbia, quiera enseñarnos algo. ¿Cómo distinguir al amigo del manipulador? La respuesta es sencilla: el verdadero maestro no es el que enseña un camino ideal, sino el que muestra a su alumno las muchas vías de acceso a la senda que deberá recorrer para encontrarse con su destino. A partir del momento en que encuentra dicha senda, el maestro ya no puede ayudarlo, porque sus desafíos son únicos.

Eso no es aplicable ni al amor ni a la guerra... pero sin entender este apartado no llegaremos a parte alguna.

ESCAPAR DE LAS AMENAZAS. Muchas veces pensamos que la actitud ideal es la de dar la vida por un sueño: nada más equivocado. Para alcanzar un sueño, debemos conservar la vida y, por tanto, es obligatorio saber cómo evitar lo que nos amenaza. Cuanto más premeditamos nuestros pasos, más posibilidades tenemos de errar, porque no tenemos en consideración a los demás, las enseñanzas de la vida, la pasión y la calma. Cuanto más nos parezca que tenemos el control, más lejos estaremos de controlar nada. Una amenaza no da avisos y no se puede programar una reacción rápida como un paseo durante la tarde del domingo.

Por tanto, si quieres entrar en armonía con tu amor o con tu combate, aprende a reaccionar con rapidez. Mediante la observación experta, no dejes que tu supuesta experiencia de la vida te transforme en una máquina: usa esa experiencia para escuchar siempre la «voz del corazón». Aunque no estés de acuerdo con lo que diga esa voz, respétala y sigue sus consejos: ella sabe cuál es el mejor momento para actuar y cuál el mejor para evitar la acción.

Eso también es aplicable al amor y a la guerra.

El día siguiente a mi llegada a Australia, mi editor me lleva a una reserva natural cerca de la ciudad de Sydney. Allí, en medio de los bosques que cubren el lugar conocido como Montañas Azules, existen tres formaciones rocosas con forma de obelisco.

—Son las Tres Hermanas —dice mi editor.

Y me cuenta la siguiente leyenda:

»—Un hechicero estaba paseando con sus tres hermanas cuando se acercó el más famoso guerrero de aquellos tiempos.

»«Quiero casarme con una de estas muchachas», dijo.

»«Si se casa una de ellas, las otras se van a considerar feas. Estoy buscando una tribu en la que los guerreros puedan tener tres mujeres», respondió el hechicero y se alejó.

»Y, durante años, caminó por el continente australiano sin conseguir encontrar esa tribu.

»«Al menos una de nosotras podría ser feliz», dijo una de las hermanas cuando ya estaban viejas y cansadas de tanto andar.

»«Yo estaba equivocado», respondió el hechicero, «pero ahora es demasiado tarde.»

»Y transformó a las tres hermanas en bloques de piedra para que quien pasara por allí pudiera entender que la felicidad de uno no significa la tristeza de otros.

Arash Hejazi, mi editor iraní, cuenta la historia de un hombre que, en busca de la santidad, decidió subir una alta montaña llevando sólo la ropa puesta y permanecer allí meditando el resto de su vida.

Pronto se dio cuenta de que la ropa no era suficiente, porque se ensuciaba en seguida. Bajó la montaña, fue hasta la aldea más próxima y pidió otra vestimenta. Como todos sabían que aquel hombre iba en busca de la santidad, le entregaron un nuevo par de pantalones y una camisa.

El hombre dio las gracias y volvió a subir hasta la ermita que estaba construyendo en lo alto del monte. Pasaba la noche levantando las paredes y los días entregado a la meditación, comía los frutos de los árboles y bebía el agua de un manantial próximo.

Un mes después, descubrió que un ratón acostumbraba a roer la ropa sobrante que tendía a secar. Como quería estar centrado sólo en su deber espiritual, bajó de nuevo a la aldea y pidió que le consiguieran un gato. Los moradores, por respeto de su búsqueda, atendieron su petición.

Siete días después, el gato estaba casi muerto de inanición, porque no conseguía alimentarse con la fruta y ya no quedaban ratones en el lugar. Volvió a la aldea en busca de leche; como los campesinos sabían que no era para él —que, a fin de cuentas, resistía sin comer nada que no fuera lo que la naturaleza le ofrecía—, una vez más lo ayudaron.

El gato acabó en seguida con la leche, por lo que el hombre

pidió que le prestaran una vaca. Como la vaca daba más leche de la necesaria, se puso a beberla también él para no desperdiciarla. En poco tiempo —respirando el aire de la montaña, comiendo fruta, meditando, bebiendo leche y haciendo ejercicio— se transformó en un modelo de belleza. Una joven que subió a la montaña a buscar un cordero acabó apasionándose por él y lo convenció de que necesitaba una esposa para que se ocupara de las tareas de la casa, mientras él meditaba en paz.

Tres años después, el hombre estaba casado, con dos hijos, tres vacas y un vergel de árboles frutales y dirigía un centro de meditación, con una gigantesca lista de espera de gente que quería conocer el milagroso «templo de la eterna juventud».

Cuando alguien le preguntaba cómo había comenzado todo aquello, él decía:

—Dos semanas después de llegar aquí tenía sólo dos prendas de ropa. Un ratón empezó a comerse una de ellas y...

Pero nadie se interesaba por el final de la historia; estaban seguros de que era un sagaz hombre de negocios que intentaba vender una leyenda para poder aumentar aún más el precio de la estancia en el templo.

En Japón participé en la conocida «ceremonia del té». Se entra en un cuartito, se sirve el té y ya está. Sólo que se hace todo con tanto ritual y protocolo que una práctica cotidiana se transforma en un momento de comunión con el Universo.

El maestro del té, Okakusa Kasuko, explica lo que sucede:

—La ceremonia es la adoración de lo bello y lo sencillo. Todo su esfuerzo se concentra en el intento de alcanzar la perfección mediante los imperfectos gestos de la vida cotidiana. Toda su belleza consiste en el respeto con que se hace.

Si un mero encuentro para beber té puede transportarnos hasta Dios, conviene estar atento a otras oportunidades que un simple día nos ofrece.

«Todo el mundo sabe que la vida de las nubes es muy movida, pero también muy corta», escribe Bruno Ferrero. Y vamos a ver otra historia:

Una joven nube nació en medio de una gran tempestad en el mar Mediterráneo, pero ni siquiera tuvo tiempo de crecer allí; un viento fuerte empujó todas las nubes en dirección a África.

En cuanto llegaron al continente, el clima cambió: un sol generoso brillaba en el cielo y debajo se extendía la arena dorada del desierto del Sahara. El viento siguió empujándolas en dirección de los bosques del Sur, ya que en el desierto casi no llueve.

Ahora bien, lo que sucede con los jóvenes humanos acontece también con las nubes jóvenes: decidió apartarse de sus padres y amigos mayores para conocer el mundo.

—¿Qué haces? —se quejó el viento—. ¡El desierto es todo igual! ¡Vuelve a la formación y vamos hasta el centro de África, donde hay montañas y árboles deslumbrantes!

Pero la joven nube, rebelde por naturaleza, no obedeció; poco a poco, fue bajando de altitud hasta conseguir planear, con una brisa suave, generosa, cerca de las arenas doradas. Después de mucho pasear, advirtió que una de las dunas le estaba sonriendo.

Vio que era también joven, recién formada por el viento que acababa de pasar. Al instante, se enamoró de su dorada cabellera.

—Buenos días —dijo—. ¿Cómo es la vida ahí abajo?

—Tengo la compañía de las otras dunas, del sol, del viento y de las caravanas que de vez en cuando pasan por aquí. A veces hace mucho calor, pero se puede soportar. ¿Y cómo es vivir ahí arriba?

—También existe el viento y el sol, pero la ventaja es que puedo pasear por el cielo y conocer muchas cosas.

—Para mí la vida es corta —dijo la duna—. Cuando el viento vuelva de los bosques, desapareceré.

—¿Y eso te entristece?

—Me da la impresión de que no sirvo para nada.

—Yo también siento lo mismo. En cuanto pase un nuevo viento, iré al Sur y me transformaré en lluvia; ahora bien, ése es mi destino.

La duna vaciló un poco, pero acabó diciendo:

—¿Sabes que aquí, en el desierto, llamamos a la lluvia Paraíso?

—Yo no sabía que podía transformarme en algo tan importante —dijo la nube, orgullosa.

—Ya he oído varias leyendas contadas por viejas dunas. Dicen que, después de la lluvia, quedamos cubiertas de hierbas y flores, pero yo nunca sabré lo que es eso, porque en el desierto llueve muy raras veces.

Entonces le tocó a la nube quedarse vacilante, pero en seguida volvió a mostrar su amplia sonrisa:

—Si quieres, puedo cubrirte de lluvia. Aunque acabo de llegar, estoy enamorada de ti y me gustaría quedarme aquí para siempre.

—Cuando te he visto por primera vez en el cielo, también yo me he enamorado —dijo la duna—, pero, si transformas tu linda cabellera blanca en lluvia, acabarás muriendo.

—El amor nunca muere —dijo la duna—, sino que se transforma, y yo quiero mostrarte el Paraíso.

Y empezó a acariciar la duna con pequeñas gotas; así permanecieron juntas mucho tiempo hasta que apareció un arco iris.

Al día siguiente, la pequeña duna estaba cubierta de flores. Otras nubes que pasaban en dirección a África creían que allí estaba el bosque que iban buscando y soltaban más lluvia. Veinte años después, la duna se había transformado en un oasis, que refrescaba a los viajeros con la sombra de sus árboles.

Y todo porque un día una nube enamorada no tuvo miedo de dar su vida por amor.

En Madrid vive Norma, una brasileña muy especial. Los españoles la llaman «la abuelita roquera»: tiene más de sesenta años, trabaja en diversos lugares al mismo tiempo, siempre está inventando promociones, fiestas, conciertos de música.

En cierta ocasión, hacia las cuatro de la madrugada –cuando yo ya no podía más de cansancio–, pregunté a Norma de dónde sacaba tanta energía.

–Tengo un calendario mágico. Si quieres, te lo enseño.

La tarde siguiente fui a su casa. Ella cogió una hojita vieja, toda emborronada.

–Pues hoy es el descubrimiento de la vacuna contra la polio –dijo–. Vamos a conmemorarlo, porque la vida es bella.

Norma había copiado, en cada uno de los días del año, alguna cosa buena que había sucedido en aquella fecha. Para ella, la vida era siempre un motivo de alegría.

En la mesa, justo al lado, estaban el rey y la reina de Jordania, el secretario de Estado Colin Powell, el representante de la Liga Árabe, el ministro de Asuntos Exteriores de Israel, el presidente de la República Alemana, el presidente del Afganistán, Hamid Karzai, y otros importantes nombres participantes en los procesos de guerra y paz que estamos presenciando. Aunque la temperatura se acercaba a los 40 °C, una brisa suave soplaba en el desierto, un pianista tocaba sonatas, el cielo estaba claro y antorchas esparcidas por el jardín iluminaban el lugar. Al otro lado del mar Muerto podíamos ver Israel y el resplandor de las luces de Jerusalén en el horizonte, es decir, que todo parecía en armonía y paz... y de repente me di cuenta de que aquel momento, lejos de ser una aberración de la realidad, era en verdad un sueño de todos nosotros. Aunque mi pesimismo ha aumentado mucho con el paso de los meses, si las personas consiguen aún conversar, nada está perdido. Más adelante la reina Rannia comentaría que el lugar del encuentro había sido elegido por su carácter simbólico: el mar Muerto es el lugar más profundo de la superficie de la Tierra (401 metros por debajo del nivel del mar exactamente). Para bajar aún más, tenemos que bucear, pero en ese caso concreto, la salinidad del agua devuelve el cuerpo a la superficie. Y lo mismo sucede con el largo y doloroso proceso de paz en Oriente Próximo: no se puede bajar más que el estado actual. Si hubiera tenido conectada la televisión aquel día, me habría enterado de la muerte de un colono judío y de un joven palestino, pero yo estaba allí, en aquella comida, con la extraña sensación de que la calma de aquella noche podía extenderse por toda la región, las personas conversarían como lo hacían en aquel momento, la utopía era posible, los hombres no pueden bajar más abajo.

Si alguna vez tenéis oportunidad de ir a Oriente Próximo, no dejéis de visitar Jordania (un país maravilloso, acogedor), ir al mar Muerto, mirar a Israel en la otra orilla: entenderéis que la paz es necesaria y posible. A continuación transcribo parte del texto que escribí y leí durante aquel acto, acompañado por la improvisación del genial violinista judío Ivry Gitlis:

La paz no significa lo contrario de la guerra.

Podemos tener paz en el corazón aun en medio de las batallas más feroces, porque estamos luchando por nuestros sueños. Cuando todos nuestros amigos han perdido ya la esperanza, la paz del Buen Combate nos ayuda a seguir adelante.

Una madre que puede alimentar a su hijo tiene paz en los ojos, aunque le tiemblen las manos, porque ha fallado la diplomacia, caen bombas, mueren soldados.

Un arquero que abre su arco tiene paz en la mente, aunque todos sus músculos estén tensos por el esfuerzo físico. Por tanto, para los Guerreros de la Luz, la paz no es lo opuesto de la guerra... porque son capaces de

a) distinguir lo pasajero de lo duradero. Pueden luchar por sus sueños y su supervivencia, pero respetan los lazos trabados con el tiempo, la cultura y la religión;

b) saber que sus adversarios no son necesariamente sus enemigos;

c) tener conciencia de que sus acciones afectarán a cinco generaciones futuras y serán sus hijos y nietos quienes gozarán (o sufrirán) las consecuencias;

d) recordar lo que dice el *I Ching*: la perseverancia es favorable. Pero sin confundir perseverancia con insistencia: las batallas que duran más de lo necesario acaban destruyendo el entusiasmo necesario para la reconstrucción.

Para el Guerrero de la Luz no existen abstracciones; cada oportunidad de transformarse a sí mismo es una oportunidad de transformar el mundo.

Para el Guerrero de la Luz tampoco existe pesimismo. Rema contracorriente, en caso necesario, pues, cuando esté viejo y cansado, podrá decir a sus nietos que vino a este mundo para entender mejor a su vecino y no para condenar a su hermano.

En el puerto de San Diego (California)

Estaba yo conversando con una mujer de la Tradición de la Luna, un tipo de aprendizaje femenino que trabaja en armonía con las fuerzas de la naturaleza.

−¿Quiere tocar una gaviota? −me preguntó, mientras miraba las aves en el muro del malecón.

−Claro que sí. Lo he intentado muchas veces, pero, siempre que me acercaba, volaban.

−Procure sentir amor por ella. Después haga que ese amor salga de su pecho como un haz de luz que alcance en el pecho a la gaviota y aproxímese a ella con calma.

Hice lo que me aconsejó. Por dos veces no conseguí nada, pero la tercera, como si hubiese entrado en «trance», conseguí tocar la gaviota. Repetí el «trance», con el mismo resultado positivo.

«El amor crea puentes en lugares que parecen imposibles», dice mi amiga hechicera.

Cuento aquí esa experiencia para quien quiera probarla.

Un Guerrero de la Luz que confía demasiado en su inteligencia acaba subestimando el poder del adversario.

Conviene no olvidar: hay momentos en que la fuerza es más eficaz que la sagacidad y, cuando estamos ante cierto tipo de violencia, no hay brillo, argumento, inteligencia ni encanto que puedan evitar la tragedia.

Por eso, el Guerrero nunca subestima la fuerza bruta: cuando es irracionalmente agresiva, se retira del campo de batalla... hasta que el enemigo desgasta su energía.

Ahora bien, conviene dejar bien claro lo siguiente: un Guerrero de la Luz nunca se acobarda. La fuga puede ser un excelente arte de defensa, pero no se puede usar cuando el miedo es grande.

En caso de duda, el Guerrero prefiere afrontar la derrota y después curar sus heridas, porque sabe que, si huye, está dando al agresor un poder mayor del que merece.

Puede curar el sufrimiento físico, pero será eternamente perseguido por su flaqueza espiritual. Ante algunos momentos difíciles y dolorosos, el Guerrero encara la situación desventajosa con heroísmo, resignación y coraje.

Para alcanzar el estado de ánimo necesario (ya que está entrando en una lucha con desventaja y puede sufrir mucho), el Guerrero debe entender exactamente lo que podría hacerle daño. Okakura Kakuso comenta en su libro sobre el ritual del té lo siguiente:

Miramos la maldad en los otros, porque conocemos la maldad mediante nuestro comportamiento. Nunca perdonamos a los que nos hieren, porque creemos que nunca seríamos perdonados. Decimos la verdad dolorosa al prójimo, porque queremos ocultárnosla a nosotros mismos. Mostramos nuestra fuerza para que nadie pueda ver nuestra fragilidad.

Por eso, siempre que estés juzgando a tu hermano, ten conciencia de que eres tú quien está ante el tribunal.

A veces, esa conciencia puede evitar una lucha que sólo acarreará desventajas, pero otras veces no hay salida, sólo el combate desigual.

Sabemos que vamos a perder, pero el enemigo, la violencia, no ha dejado ninguna otra opción... excepto la cobardía y eso no nos interesa. En este momento, es necesario aceptar el destino, procurando tener presente un texto del fabuloso *Bhagavad Gītā* (Capítulo II, 16-26):

El hombre no nace y tampoco muere nunca. Tras haber llegado a existir, jamás dejará de hacerlo, porque es eterno y permanente.

Así como un hombre descarta la ropa usada y pasa a usar ropa nueva, el alma descarta el cuerpo viejo y encarna el cuerpo nuevo.

Pero es indestructible: las espadas no pueden cortarla, el fuego no la quema, el agua no la moja, el viento nunca la reseca. Está más allá del poder de todas esas cosas.

Como el hombre es indestructible, es siempre victorioso (incluso en sus derrotas) y por eso no debe lamentarse jamás.

El cineasta Rui Guerra me cuenta que cierta noche estaba charlando con amigos en una casa en el interior de Mozambique. El país estaba en guerra, por lo que faltaba de todo, desde la gasolina hasta la iluminación.

Para pasar el tiempo, se pusieron a hablar sobre lo que les gustaría comer. Cada uno de ellos fue diciendo su plato preferido hasta que le tocó el turno a Rui.

—A mí me gustaría comer una manzana —dijo, sabedor de que era imposible encontrar fruta por el racionamiento.

En aquel preciso momento oyeron un ruido y una manzana reluciente, bella, suculenta entró rodando en la sala... ¡y se paró delante de él!

Más tarde, Rui descubrió que una de las muchachas que vivían allí había salido a buscar fruta en el mercado negro. Al subir la escalera de regreso, tropezó y se cayó; la bolsa de manzanas que había comprado se abrió y una de ellas rodó sala adentro.

¿Coincidencia? Pues ésa sería una palabra muy inadecuada para explicar esta historia.

Al subir por un camino en los Pirineos en busca de un lugar en el que pudiera practicar el tiro con arco y flecha, vi un pequeño campamento del ejército francés. Los soldados me miraron, yo fingí que no veía nada (todos tenemos esa paranoia de ser considerados espías…) y seguí adelante.

Encontré el lugar ideal, hice los ejercicios preparatorios de respiración y de pronto veo un vehículo blindado que se acercaba.

Al instante me puse a la defensiva y preparé todas las posibles respuestas a las preguntas que se me harían: tengo permiso para usar el arco, el lugar es seguro, cualquier orden contraria corresponde a los guardas forestales y no al ejército, etcétera, pero, mira por dónde, se apeó del vehículo un coronel, me preguntó si era yo el escritor y me contó algunos datos interesantísimos sobre la región.

Hasta que, tras vencer la timidez casi visible, dijo que también había escrito un libro y me contó la curiosa génesis de su trabajo.

Su mujer y él hacían donaciones para una niña leprosa que originalmente vivía en la India, pero que después fue trasladada a Francia. Un buen día, como tenían curiosidad por conocer a la niña, fueron al convento donde cuidaban de ella. Fue una tarde hermosa y, al final, una monja le pidió que ayudara en la educación espiritual del grupo de niños que allí vivía. Jean-Paul Sétau (así se llama el militar) dijo que no tenía experiencia alguna en clases de catecismo, pero que meditaría y preguntaría a Dios qué hacer.

Aquella noche, después de sus oraciones, oyó la respuesta: «En lugar de dar respuestas, procura saber lo que los niños quieren preguntar.»

A partir de ahí, Sétau tuvo la idea de visitar varias escuelas y pedir que los alumnos escribieran todo lo que les gustaría saber respecto de la vida. Pidió que hiciesen las preguntas por escrito, para evitar que los más tímidos tuvieran miedo a manifestarse. El resultado de su trabajo se reunió en un libro: *L'enfant qui posait toujours des questions* (1) [El niño que quería saberlo todo].

A continuación transcribo algunas de las preguntas:

¿Adónde vamos después de la muerte?

¿Por qué tenemos miedo de los extranjeros?

¿Existen marcianos y extraterrestres?

¿Por qué ocurren accidentes incluso a gente que cree en Dios? ¿Qué significa Dios? ¿Por qué nacemos, si al final morimos? ¿Cuántas estrellas tiene el cielo? ¿Quién inventó la guerra y la felicidad? ¿El Señor también escucha a quienes no creen en el mismo Dios (católico)?

¿Por qué existen pobres y enfermos?

¿Por qué creó Dios mosquitos y moscas?

¿Por qué no está cerca el ángel de la guarda cuando estamos tristes? ¿Por qué amamos a ciertas personas y detestamos a otras? ¿Quién dio nombre a los colores?

Si Dios está en el cielo y mi madre también está allí, porque murió, ¿cómo es que Él puede estar vivo?

Ojalá algunos profesores o padres, al leer este texto, se sientan animados a hacer lo mismo. De ese modo, en lugar de intentar imponer nuestra comprensión adulta del Universo, acabaremos recordando de nuevo algunas de nuestras preguntas de la infancia... que en realidad nunca recibieron respuesta.

(1) Jean-Paul Sétau, *L'enfant qui posait toujours des questions*, París, Altess, 2003.

−Mira qué monumento más interesante −dice Robert.

El sol del final del otoño empieza a bajar. Estamos en una ciudad de Alemania.

−No veo nada −respondo−. Sólo una plaza vacía.

−El monumento está bajo tus pies −insiste Robert.

Miro el suelo: el pavimento está hecho de losas iguales, sin ninguna decoración especial. No quiero decepcionar a mi amigo, pero no consigo ver nada más en aquella plaza.

Robert explica:

−Se llama el Monumento Invisible. Debajo de cada una de estas piedras está grabado el nombre de un lugar en el que mataron a judíos. Artistas anónimos crearon esta plaza durante la Segunda Guerra Mundial e iban aumentando las losas a medida que se denunciaban nuevos lugares de exterminio.

»Aunque nadie viniera, aquí quedaba el testimonio y el futuro iría descubriendo la verdad sobre el pasado.

Tres señores, muy bien vestidos, aparecieron en mi hotel en Tokio.

—Ayer usted pronunció una conferencia en la Galería Dentsu —dijo uno de ellos—. Yo entré por casualidad. En ese momento estaba usted diciendo que ningún encuentro ocurre por casualidad. Tal vez fuera el momento de presentarnos.

No pregunté cómo habían descubierto el hotel en que estaba hospedado, no pregunté nada; si unas personas son capaces de superar esas dificultades, merecen todo el respeto. Uno de los tres hombres me entregó algunos libros de caligrafía japonesa. Mi intérprete se emocionó mucho; ese señor era Kazuhito Aida, hijo de un gran poeta japonés, del que yo nunca había oído hablar.

Y fue precisamente el misterio de la sincronicidad de los encuentros lo que me permitió conocer, leer y compartir con los lectores un poco del magnífico trabajo de Mitsuo Aida (1924-1991), calígrafo y poeta, cuyos textos nos hacen volver a calibrar la importancia de la inocencia:

> *Por haber vivido intensamente su vida,*
> *la hierba seca aún llama la atención de quien pasa.*
> *Las flores sólo florecen*
> *y lo hacen lo mejor que pueden.*
> *El lirio blanco en el valle, que nadie ve,*
> *no necesita explicar nada a nadie;*
> *vive sólo para la belleza,*
> *pero los hombres no pueden convivir con el «sólo».*

Si los tomates quieren ser melones,
se transformarán en una farsa.
Mucho me asombra
que tanta gente esté ocupada
en querer ser quien no es:
¿qué gracia tiene transformarse en una farsa?

No necesitas fingir que eres fuerte,
no debes probar siempre que todo va bien,
no puedes preocuparte de lo que piensen los otros,
llora, si lo necesitas,
es bueno llorar hasta que no quede ni una lágrima
(pues entonces podrás volver a sonreír).

A veces asisto por la televisión a las inauguraciones de túneles y puentes. Esto es lo que suele suceder: muchas celebridades y políticos locales se colocan en fila y en el centro está el ministro o el gobernador del lugar. Entonces se corta una cinta y, cuando los directores de la obra vuelven a sus despachos, se encuentran en ellos varias cartas de agradecimiento y admiración.

Nunca se ve a las personas que sudaron y trabajaron por ello, que cogieron el pico y la pala, que se agotaron con el trabajo en el verano o que estuvieron al aire libre en invierno para terminar la obra; parece que se asigna la mejor parte a quienes no derramaron el sudor de sus rostros.

Yo quiero ser siempre una persona capaz de ver las caras que no se ven, de quienes no buscan fama ni gloria y cumplen en silencio con el papel que les ha asignado la vida.

Yo quiero ser capaz de eso, porque las cosas más importantes de la existencia, las que nos construyen, nunca muestran la cara.

Reflexiones sobre el 11 de septiembre de 2001

Sólo ahora, pasados algunos años de lo ocurrido, decido escribir sobre el asunto. No quise abordarlo inmediatamente para que cada cual pudiera reflexionar, a su modo, sobre las consecuencias de los atentados.

Siempre resulta muy difícil aceptar que una tragedia pueda tener, en cierto modo, resultados positivos. Cuando vimos, horrorizados, lo que más parecía una película de ciencia ficción –las torres desplomándose y llevándose en la caída a millares de personas–, tuvimos dos sensaciones inmediatas: la primera, un sentimiento de impotencia y terror ante lo que estaba sucediendo. La segunda sensación: el mundo nunca más será el mismo.

El mundo nunca más será el mismo, es verdad, pero, después de todo este tiempo de reflexionar sobre el asunto, ¿quedará aún la sensación de que todas esas personas murieron en vano? ¿O se puede encontrar algo debajo de los escombros del World Trade Center, además de muerte, polvo y acero retorcido?

Creo que todo ser humano, en algún momento, acaba viendo una tragedia cruzar por su vida; puede ser la destrucción de una ciudad, la muerte de un hijo, una acusación sin pruebas, una enfermedad que aparece sin avisar y provoca una invalidez permanente. La vida es un riesgo constante y quien lo olvida jamás estará preparado para los desafíos del destino. Cuando estamos ante el dolor inevitable que se cruza por nuestro camino, nos vemos obligados a buscar un sentido a lo que está sucediendo, superar el miedo y comenzar el proceso de reconstrucción.

Lo primero que debemos hacer, cuando estamos ante el sufrimiento y la inseguridad, es aceptarlos como tales. No podemos tratarlos como algo que no nos afecta ni transformarlos en un castigo que satisfaga nuestro eterno sentimiento de culpa. En los escombros del World Trade Center había personas como nosotros, que se sentían seguras o infelices, realizadas o en lucha por crecer, con familia que las esperaban en casa o desesperadas por la soledad de la gran ciudad. Eran americanos, ingleses, alemanes, brasileños, japoneses, personas de todas las latitudes del mundo, unidas por el destino común –y misterioso– de encontrarse hacia las nueve de la mañana en un mismo lugar, que era bonito para algunos y opresivo para otros. Cuando las dos torres se desplomaron, no fueron sólo esas personas las que murieron: todos nosotros morimos un poco y el mundo entero se empequeñeció.

Cuando estamos ante una gran pérdida, ya sea material, espiritual o psicológica, debemos recordar la gran lección de los sabios: la paciencia, la certeza de que todo es provisional en esta vida. Partiendo de ahí, vamos a revisar nuestros valores. Si, durante muchos años, el mundo nunca volverá a ser un lugar seguro, ¿por qué no aprovechar ese súbito cambio y arriesgar nuestros días en cosas que siempre deseamos hacer, pero no teníamos valor para ello? ¿Cuántas personas estaban aquella mañana en el World Trade Center contra su voluntad, intentando seguir una carrera que no era la suya, haciendo un trabajo que no les gustaba, sólo porque era un lugar seguro, donde podían conseguir con seguridad el dinero suficiente para la jubilación y la vejez?

Ése fue el gran cambio del mundo y quienes fueron enterrados bajo los escombros de los dos edificios ahora nos hacen pensar en nuestros propios valores. Cuando cayeron las torres, se llevaron consigo sueños y esperanzas, pero también abrieron un espacio en el horizonte y nos obligaron a reflexionar sobre el sentido de nuestras vidas, y precisamente en eso, en nuestra actitud, radicará toda la diferencia.

Cuenta una vieja historia que, después de los bombardeos

sobre Dresde, un hombre pasó por un terreno lleno de escombros y vio a tres obreros trabajando.

—¿Qué hacen ustedes? —preguntó.

El primer obrero se volvió:

—¿No lo ve? ¡Estoy retirando estas piedras!

—¿No lo ve? ¡Me estoy ganando el salario! —dijo el segundo obrero.

—¿No lo ve? —dijo el tercer obrero—. ¡Estoy reconstruyendo una catedral!

Aunque las tres personas estuviesen haciendo lo mismo, sólo una tenía la verdadera dimensión del sentido de su labor. Esperemos que, en el mundo que vendrá después del 11 de septiembre de 2001, cada uno de nosotros sea capaz de levantarse de sus propios escombros emocionales y construir la catedral con que siempre soñamos pero nunca nos atrevemos a crear.

Isabelita me cuenta la siguiente leyenda:

Un viejo árabe analfabeto oraba con tanto fervor, todas las noches, que el rico jefe de una gran caravana decidió llamarlo:

—¿Por qué oras con tanta fe? ¿Cómo sabes que Dios existe, cuando ni siquiera sabes leer?

—Sí que sé leer, sí, señor. Leo todo lo que el Gran Padre Celestial escribe.

—¿Cómo así?

El humilde siervo se explicó:

—Cuando usted recibe una carta de una persona ausente, ¿cómo reconoce quién la escribió?

—Por la letra.

—Cuando usted recibe una joya, ¿cómo sabe quién la hizo?

—Por la marca de los orfebres.

—Cuando oye pasos de animales, alrededor de la tienda, ¿cómo sabe si fue un carnero, un caballo o un buey?

—Por las huellas —respondió el jefe, sorprendido con aquel cuestionario.

El viejo creyente le pidió que saliera de la tienda y le mostró el cielo.

—Señor, aquellas cosas escritas allí arriba, este desierto aquí abajo, nada de eso puede haber sido dibujado o escrito por las manos de los hombres.

La vida es como una gran carrera ciclista, cuya meta es la de cumplir la Leyenda Personal, aquello que, según los antiguos alquimistas, es nuestra verdadera misión en la Tierra.

En la salida estamos juntos compartiendo camaradería y entusiasmo, pero, a medida que se desarrolla la carrera, la alegría inicial cede el sitio a los verdaderos desafíos: el cansancio, la monotonía, las dudas sobre la capacidad propia. Advertimos que algunos amigos ya han desistido en el fondo de su corazón, aunque estén corriendo, pero sólo porque no pueden parar en medio de una carretera. Ese grupo va resultando cada vez más numeroso, todos ellos pedaleando junto al coche de apoyo –también llamado de rutina– y, conversando entre sí, cumplen con sus obligaciones, pero olvidan las bellezas y los desafíos de la carretera.

Acabamos distanciándonos de ellos y entonces nos vemos obligados a afrontar la soledad, las sorpresas con las curvas desconocidas, los problemas con la bicicleta. En determinado momento, después de algunos tumbos sin tener a nadie cerca para que nos ayude, acabamos preguntándonos si vale la pena tanto esfuerzo.

Sí que vale, pero no hay que desistir. El padre Alan Jones dice que, para que nuestra alma esté en condiciones de superar esos obstáculos, necesitamos cuatro fuerzas invisibles: amor, muerte, poder y tiempo.

Es necesario amar, porque somos amados por Dios.

Es necesaria la conciencia de la muerte, para entender bien la vida.

Es necesario luchar para crecer, pero no hay que dejarse engañar por el poder que llega junto con el crecimiento, porque sabemos que no vale nada.

Por último, es necesario aceptar que nuestra alma —aunque sea eterna— está en este momento presa en la tela del tiempo, con sus oportunidades y limitaciones; así, en nuestra solitaria carrera ciclista, tenemos que actuar como si el tiempo existiera, hacer lo posible para valorizar todos los segundos, descansar cuando sea necesario, pero seguir siempre en dirección de la luz divina, sin dejarnos incomodar por los momentos de angustia.

No se pueden considerar esas cuatro fuerzas como si fuesen problemas por resolver, ya que quedan fuera de control alguno. Tenemos que aceptarlas y dejar que nos enseñen lo que debemos aprender.

Vivimos en un Universo que es a un tiempo lo suficientemente gigantesco para envolvernos y lo bastante pequeño para caber en nuestro corazón. En el alma del hombre está el alma del mundo, el silencio de la sabiduría. Mientras pedaleamos hacia nuestra meta, siempre es importante preguntar: «¿Qué tiene de bonito el día de hoy?» El sol puede estar brillando, pero, si cae la lluvia, es importante recordar que eso también significa que las nubes negras en breve se habrán disuelto. Las nubes se disuelven, pero el sol sigue siendo el mismo y no pasa nunca; en los momentos de soledad, es importante recordarlo.

Por último, cuando la situación sea muy dura, no podemos olvidar que todo el mundo lo ha experimentado ya, independientemente de su raza, corazón, situación social, creencias o cultura. Una preciosa oración del maestro sufí Dhu'l Nun (egipcio, fallecido en 861 d.C.) resume bien la actitud positiva necesaria en esos momentos:

Oh, Dios, cuando presto atención a las voces de los animales, el ruido de los árboles, el murmurio de las aguas, el gorjeo de los pájaros, el zumbido del viento o el estruendo del trueno, veo en ellos un testimonio de Tu unidad; siento que Tú eres el supremo poder, la omnisciencia, la suprema sabiduría, la suprema justicia.

Oh, Dios, Te reconozco en las pruebas por las que estoy pasando. Permite, oh, Dios, que Tu satisfacción sea mi satisfacción, que yo sea Tu alegría, la que un padre siente por un hijo, y que me acuerde de Ti con tranquilidad y determinación, aun cuando resulte difícil decir que Te amo.

Lo divertido en el hombre

Un señor preguntó a mi amigo Jaime Cohen:

—Quiero saber lo que es más divertido en los seres humanos.

Cohen comentó:

—Piensan siempre al revés: tienen prisa por crecer y después suspiran por la infancia perdida. Pierden la salud para tener dinero y luego pierden en seguida el dinero para tener salud.

»Piensan tan ansiosamente en el futuro, que descuidan el presente y así no viven el presente ni el futuro.

»Viven como si no fueran a morir nunca y mueren como si nunca hubiesen vivido.

Siempre he pensado en lo que sucede cuando esparcimos un poco de nosotros mismos por la Tierra. Yo ya me he cortado el pelo en Tokio, las uñas en Noruega, he visto mi sangre manar por una herida al subir una montaña en Francia. En mi primer libro, *Los archivos del Infierno*, elucubraba un poco sobre este asunto, como si fuera necesario sembrar un poco del cuerpo propio en diversas partes del mundo, para que en una vida futura algo nos pareciese familiar. Recientemente, leí en el periódico francés *Le Figaro* un artículo firmado por Guy Barret sobre un caso real sucedido en junio de 2001, cuando alguien llevó esa idea hasta sus últimas consecuencias.

Se trata de la americana Vera Anderson, que pasó toda su vida en la ciudad de Medford (Oregón). Cuando ya tenía una edad avanzada, fue víctima de un accidente cardiovascular, agravado por un enfisema pulmonar, lo que la obligó a pasar años enteros en el cuarto, siempre conectada a un balón de oxígeno. El hecho en sí ya es un suplicio, pero en el caso de Vera la situación era aún más grave porque había soñado con recorrer el mundo y guardaba sus ahorros para hacerlo, cuando ya estuviese jubilada.

Vera consiguió ser trasladada a Colorado para poder pasar el resto de sus días en compañía de su hijo, Ross. Allí, antes de que hiciese su último viaje –aquel del que nunca volvemos–, adoptó una decisión. Ya que nunca consiguió conocer siquiera su país, viajaría después de muerta.

Ross acudió al notario local y registró el testamento de su madre: cuando muriera, quería ser incinerada. Hasta ahí, nada extraordinario, pero el testamento continúa: sus cenizas debían ser introducidas en 241 bolsitas, que serían enviadas a los jefes de los servicios de Correos de los cincuenta estados americanos y a cada uno de los 191 países del mundo... para que al menos una parte de su cuerpo acabara visitando los lugares con los que siempre soñó.

En cuanto Vera partió de este mundo, Ross cumplió su último deseo con la dignidad que se espera de un hijo. En cada envío incluía una cartita, en la que pedía que dieran sepultura digna a su madre.

Todas las personas que recibieron las cenizas de Vera Anderson trataron la petición de Ross con respeto. En los cuatro confines de la Tierra se creó una silenciosa cadena de solidaridad, en la que simpatizantes desconocidos organizaron ceremonias y ritos de lo más diverso, teniendo en cuenta siempre el lugar que a la difunta señora le habría gustado conocer.

De ese modo, las cenizas de Vera fueron esparcidas en el lago Titicaca, en Bolivia, siguiendo las antiguas tradiciones de los indios aymara; en el río de delante del palacio real de Estocolmo; en la orilla del Choo Praya, en Tailandia; en un templo sintoísta en Japón; en los hielos de la Antártida; en el desierto del Sahara. Las hermanas de la caridad de un orfanato de Sudamérica (no se menciona el país) rezaron una semana, antes de esparcir las cenizas por el jardín, y después decidieron considerar a Vera Anderson algo así como un ángel de la guarda del lugar.

Ross Anderson recibió fotos de los cinco continentes, de todas las razas, de todas las culturas, que mostraban a hombres y mujeres en el momento de cumplir el último deseo de su madre. Cuando vemos un mundo tan dividido como el de hoy, en el que nos parece que nadie se preocupa de los demás, ese último viaje de Vera Anderson nos infunde esperanza, al saber que aún existe respeto, amor y generosidad en el alma de nuestro prójimo, por lejos que esté.

Cassan Said Amer cuenta la historia de un conferenciante que comenzó un seminario tomando un billete de veinte dólares y preguntando:

—¿Quién desea este billete de veinte dólares?

Varias manos se levantaron, pero el conferenciante dijo:

—Antes de entregarlo, es necesario hacer algo.

Lo arrugó con toda furia e insistió:

—¿Quién quiere aún este billete?

Las manos siguieron levantadas.

—¿Y si hago esto?

Lo tiró contra la pared, lo dejó caer al suelo, lo arrugó, lo pisoteó y una vez más mostró el billete, ahora inmundo y arrugado. Repitió la pregunta y las manos siguieron levantadas.

—Ustedes no pueden olvidar jamás esta escena —comentó el conferenciante—. No importa lo que yo haga con este dinero, sigue siendo un billete de veinte dólares. Muchas veces en nuestra vida somos machacados, pisados, maltratados, ofendidos; ahora bien, valemos, aun así, lo mismo.

Del padre cisterciense Marcos García, en Burgos (España): «A veces Dios retira una determinada bendición para que la persona pueda comprenderLo, además de los favores y peticiones. Sabe hasta qué punto puede poner a prueba una alma... y nunca superar dicho punto.

»En esos momentos, jamás digamos: "Dios me ha abandonado." Nunca lo hace; nosotros sí que podemos a veces abandonarlo. Si el Señor nos pone una gran prueba, también nos da siempre gracias suficientes –yo diría: más que suficientes– para superarla.»

A ese respecto, la lectora Camila Galvão Piva me envía una historia interesante titulada *Las joyas*:

Un rabino muy religioso vivía feliz con su familia; una esposa admirable y dos hijos queridos. En cierta ocasión, por su trabajo, tuvo que ausentarse de casa varios días. Precisamente cuando estaba fuera un grave accidente automovilístico mató a los dos niños.

La madre, sola, sufrió en silencio, pero, como era una mujer fuerte, sostenida por la fe y la confianza en Dios, soportó el choque con dignidad y valor. Ahora bien, ¿cómo dar la triste noticia a su esposo? Aun siendo también un hombre de fe, ya había estado hospitalizado por problemas cardíacos en el pasado y la mujer temía que, al enterarse de la tragedia, le sobreviniera también la muerte.

Sólo quedaba rezar para que Dios le aconsejara la forma

mejor de actuar. En la víspera de la llegada del marido, oró mucho... y recibió la gracia de una respuesta.

El día siguiente, el rabino regresó al hogar, dio un largo abrazo a su esposa y preguntó por los hijos. La mujer le dijo que no se preocupara por eso, tomase un baño y descansara.

Horas después los dos se sentaron a almorzar. Ella le pidió detalles sobre el viaje, él le contó todo lo que había vivido, habló de la misericordia de Dios... pero volvió a preguntar por los niños.

La esposa, con actitud algo confusa, respondió al marido:

—Deja a los hijos, después nos ocuparemos de ellos. Primero quiero que me ayudes a resolver un problema que considero grave.

El marido, ya preocupado, preguntó:

—¿Qué sucede? ¡Te noto abatida! Cuenta todo lo que te pasa en el alma y estoy seguro de que juntos resolveremos cualquier problema, con la ayuda de Dios.

—Mientras estabas ausente, un amigo nuestro me visitó y me dejó dos joyas de valor incalculable para que las guardara. ¡Son joyas muy preciosas! ¡Nunca había visto nada tan bello! Va a venir a buscarlas y no estoy dispuesta a devolverlas, pues ya me he encariñado con ellas. ¿Qué me dices?

—¡Hay que ver, mujer! ¡No entiendo tu comportamiento! ¡Tú nunca has cultivado las vanidades!

—¡Es que nunca había visto joyas así! ¡No consigo aceptar la idea de perderlas para siempre!

Y el rabino respondió con firmeza:

—Nadie pierde lo que no posee. ¡Retenerlas equivaldría a un robo! Vamos a devolverlas, yo te ayudaré a superar su falta. Lo haremos juntos, hoy mismo.

—Pues bien, querido mío, que se haga tu voluntad. El tesoro será devuelto. La verdad es que ya está hecho. Las joyas preciosas eran nuestros hijos. Dios los confió a nuestro cuidado y durante tu viaje vino a buscarlos. Se marcharon...

El rabino comprendió al instante. Abrazó a su esposa y juntos derramaron muchas lágrimas... pero había entendido el mensaje y a partir de aquel día lucharon para superar juntos la pérdida.

Forma parte de la naturaleza humana juzgar a los demás con mucha severidad y, cuando el viento sopla contra nuestros anhelos, encontrar siempre una disculpa por el mal que hemos hecho o renegar contra el prójimo por nuestras faltas. La historia que sigue ilustra lo que quiero decir.

Cierto mensajero fue enviado en misión urgente a una ciudad distante. Ensilló su caballo y partió a todo galope. Después de ver pasar varias posadas, donde siempre alimentaban los animales, el caballo pensó: «Ya no paramos a comer en establos y eso significa que ya no me tratan como un caballo, sino como un ser humano. Como todos los hombres, creo que comeré en la próxima gran ciudad.»

Pero pasaban las ciudades grandes, una tras otra, y su jinete proseguía el viaje. Entonces el caballo empezó a pensar: «Tal vez yo no me haya transformado en un ser humano, sino en un ángel, pues los ángeles jamás necesitan comida.»

Por fin llegaron a su destino y el animal fue conducido al establo, donde devoró el heno que en él había, con apetito voraz.

«¿Por qué creer que las cosas cambian, si no siguen el ritmo de siempre? –decía para sus adentros–. No soy hombre ni ángel, sino sólo un caballo con hambre.»

La frase es de Pablo Picasso: «Dios es sobre todo un artista. Inventó la jirafa, el elefante, la hormiga. En verdad, nunca pretendió seguir un estilo... simplemente fue haciendo todo lo que deseaba hacer.»

Nuestro deseo de andar crea nuestro camino; ahora bien, cuando comenzamos la jornada en dirección al sueño, sentimos mucho miedo, como si estuviéramos obligados a hacer todo perfecto. Al fin y al cabo, si vivimos vidas diferentes, ¿quién fue el que inventó el modelo de «todo perfecto»? Si Dios hizo la jirafa, el elefante y la hormiga y nosotros procuramos vivir a Su imagen y semejanza, ¿por qué hemos de seguir un modelo? El modelo a veces nos sirve para no repetir errores estúpidos que otros ya han cometido, pero, normalmente, es una posición que nos obliga a repetir siempre lo que todos hacen.

Ser coherente es necesitar usar siempre la corbata combinada con los calcetines. Es estar obligado a mantener mañana las mismas opiniones que tenías ayer. Y el movimiento del mundo ¿dónde queda?

Mientras no perjudiques a nadie, cambia de opinión de vez en cuando y cae en contradicción sin avergonzarte. Tienes ese derecho; no importa lo que los otros vayan a pensar... porque van a pensarlo en cualquier caso.

Cuando decidimos actuar, ocurren algunos excesos. Dice una antigua máxima culinaria: «Para hacer una tortilla es necesario, primero, romper el huevo.» También es natural que surjan conflictos inesperados. Es natural que surjan heridas durante su transcurso. Las heridas pasan: sólo permanecen las cicatrices.

Eso es una bendición. Esas cicatrices permanecen en nosotros durante el resto de nuestra vida y van a ayudarnos mucho. Si en algún momento —por comodidad o cualquier otra razón— el deseo de volver al pasado es intenso, basta mirarlas.

Las cicatrices van a mostrarnos la marca de los grilletes, van a mostrarnos los horrores de la prisión... y seguiremos caminando hacia delante.

Por eso, relájate. Deja que el Universo se mueva, a su vez, y descubre la alegría de ser una sorpresa para ti mismo. «Dios eligió las locuras del mundo para avergonzar a los sabios», dice san Pablo.

Un Guerrero de la Luz nota que ciertos momentos se repiten; con frecuencia se ve ante los mismos problemas y afronta situaciones que ya había afrontado antes.

Entonces se deprime. Empieza a considerar que es incapaz de progresar en la vida, ya que las mismas cosas que vivió en el pasado vuelven a suceder.

«Ya he pasado por eso», se queja a su corazón.

«La verdad es que ya has pasado —responde el corazón—, pero nunca lo has superado.»

Entonces el Guerrero pasa a tener conciencia de que las experiencias repetidas tienen una finalidad: enseñarle lo que aún no ha aprendido. Siempre da una solución diferente a cada lucha repetida... y no considera errores sus faltas, sino pasos hacia el encuentro consigo mismo.

De las trampas de la búsqueda

Al tiempo que las personas pasan a prestar más atención a las cosas del espíritu, ocurre otro fenómeno: la intolerancia para con la búsqueda espiritual de los otros. Todos los días recibo revistas, mensajes electrónicos, cartas, folletos encaminados a demostrar que tal camino es mejor que otro y con una serie de reglas para alcanzar «la iluminación». En virtud del volumen cada vez mayor de ese tipo de correspondencia decidí escribir un poco sobre lo que considero peligros en esa búsqueda.

Mito 1: LA MENTE PUEDE CURARLO TODO. Eso no es cierto y prefiero ilustrar este mito con una historia. Hace algunos años, una amiga mía –profundamente dedicada a la búsqueda espiritual– empezó a tener fiebre y a pasarlo muy mal y durante toda la noche procuró mentalizar a su cuerpo, valiéndose de las técnicas que conocía, a fin de curarse sólo con el poder del pensamiento. Al día siguiente, sus hijos, preocupados, le pidieron que fuera al médico, pero ella se negaba, alegando que estaba «purificando» su espíritu. Sólo cuando la situación llegó a ser insostenible aceptó ir a un hospital y allí tuvo que ser operada inmediatamente: le diagnosticaron apendicitis. Así, pues, mucho cuidado: a veces es mejor pedir que Dios guíe las manos de un médico que intentar curarse solo.

Mito 2: LA CARNE ROJA ALEJA LA LUZ DIVINA. Es evidente que, si perteneces a una religión determinada, tendrás que respetar las reglas establecidas: judíos y musulmanes, por ejemplo, no comen carne de cerdo y en ese caso se trata de una práctica que forma parte de la fe.

Ahora bien, el mundo está viéndose inundado por una onda de «purificación» mediante la comida: los vegetarianos radicales miran a las personas que comen carne como si fueran responsables del asesinato de animales. Ahora bien, ¿es que las plantas no son también seres vivos? La naturaleza es un ciclo constante de vida y muerte y algún día seremos nosotros los que vayamos a alimentar la tierra: por tanto, si no perteneces a una religión que prohíba determinado alimento, come lo que te pida tu organismo. Quiero recordar aquí la historia del mago ruso Gurdjeff: de joven, fue a visitar a un gran maestro y, para impresionarle, sólo comía verduras.

Una noche, el maestro quiso saber por qué tenía una dieta tan rígida y Gurdjeff comentó: «Para mantener limpio mi cuerpo.» El maestro se rió y le aconsejó que interrumpiera inmediatamente esa práctica: si seguía así, iba a terminar como una flor en el invernadero… muy pura, pero incapacitada para resistir los desafíos de los viajes y de la vida. Como decía Jesús: «El mal no es lo que entra, sino lo que sale de la boca del hombre.»

Mito 3: Dios es sacrificio. Mucha gente busca el camino del sacrificio y la autoinmolación y afirma que debemos sufrir en este mundo para tener felicidad en el próximo. Ahora bien, si este mundo es una bendición de Dios, ¿por qué no saber aprovechar al máximo las alegrías que da la vida? Estamos muy acostumbrados a la imagen de Cristo clavado en la cruz, pero olvidamos que su pasión duró sólo tres días: el resto del tiempo lo pasó viajando, reuniéndose con personas, comiendo, bebiendo, aportando su mensaje de tolerancia. Y tanto fue así, que su primer milagro fue «políticamente incorrecto»: como faltaba bebida en las bodas de Caná, transformó el agua en vino. Lo hizo, a mi entender, para mostrar a todos nosotros que no tiene nada de malo ser feliz, alegrarse, participar en una fiesta, porque Dios está mucho más presente cuando estamos junto a otros. Mahoma decía: «Si nos sentimos desdichados, aportamos la infelicidad a nuestros amigos.» Buda, después de un largo período de pruebas y renuncia, estaba tan flaco, que casi se ahogó; cuando fue salvado por un pastor, entendió que el aislamiento y el sacrificio nos alejan del milagro de la vida.

Mito 4: EXISTE UN ÚNICO CAMINO HASTA DIOS. Éste es el más peligroso de todos los mitos: a partir de ahí comienzan las explicaciones del Gran Misterio, las luchas religiosas, el juicio a nuestro prójimo. Podemos elegir una religión (yo, por ejemplo, soy católico), pero debemos entender que, si nuestro hermano ha elegido una religión diferente, llegará al mismo punto de luz que buscamos con nuestras prácticas espirituales.

Por último, vale la pena recordar que no es posible transferir en modo alguno al padre, al rabino, al imam, las responsabilidades de nuestras decisiones. Somos nosotros los que construimos, mediante cada uno de nuestros actos, el camino hasta el Paraíso.

Mi suegro, Christiano Oiticica

Poco antes de morir, mi suegro llamó a la familia:

—Sé que la muerte sólo es un pasaje y quiero poder hacer esa travesía sin tristeza. Para que no estéis preocupados, mandaré una señal de que ha valido la pena ayudar a los demás en esta vida.

Pidió que lo incineraran y se lanzasen sus cenizas en el Arpoador, mientras sonaba una grabación con sus músicas preferidas.

Falleció dos días después. Un amigo se encargó de la incineración en São Paulo y, de regreso a Río, fuimos todos al Arpoador con el radiocasete, las cintas y el envoltorio con la pequeña urna de las cenizas. Al llegar delante del mar, descubrimos que la tapa estaba atornillada. Intentamos abrirla, pero fue inútil.

No había nadie cerca, sólo un mendigo, que se acercó.

—¿Qué necesitan ustedes?

Mi cuñado respondió:

—Un destornillador, porque aquí están las cenizas de mi padre.

—Debió de ser un hombre muy bueno, porque acabo de encontrar esto ahora —dijo el mendigo.

Y alargó un destornillador.

(Este texto fue publicado en un portal inglés el 8 de marzo de 2003, dos semanas antes de la invasión de Iraq... y aquel mismo mes fue el artículo más difundido sobre la guerra, con unos quinientos millones de lectores.)

Gracias, gran dirigente George W. Bush.

Gracias, por mostrar a todo el mundo el peligro que Sadam Hussein representa. Tal vez muchos de nosotros hubiéramos olvidado que utilizó armas químicas contra su pueblo, contra los kurdos, contra los iraníes. Hussein es un dictador sanguinario, una de las más claras expresiones del mal en el día de hoy.

Ahora bien, ésta no es la única razón por la que le doy las gracias. En los dos primeros meses del año 2003, usted fue capaz de mostrar muchas cosas importantes al mundo y por eso merece mi gratitud.

Así, recordando un poema que aprendí en la infancia, quiero darle las gracias.

Gracias por mostrar a todo el mundo que el pueblo turco y su Parlamento no están en venta ni por 26.000 millones de dólares.

Gracias por revelar al mundo el gigantesco abismo que existe entre la decisión de los gobernantes y los deseos del pueblo, por dejar claro que tanto José María Aznar como Tony Blair no conceden la menor importancia a los votos que recibieron ni tienen el menor respeto por ellos. Aznar es capaz de pasar por alto que el 90 % de los españoles está contra la guerra y a Blair no le importa la mayor manifestación pública en Inglaterra en los treinta últimos años.

Gracias, porque su perseverancia forzó a Tony Blair a acudir al Parlamento inglés con un informe escrito por un estudiante hace diez años y presentarlo como «pruebas contundentes recogidas por el Servicio Secreto británico».

Gracias por enviar a Colin Powell al Consejo de Seguridad de Naciones Unidas con pruebas y fotos y permitir, así, que una semana después fueran impugnadas públicamente por Hans Blix, inspector encargado de observar el desarme en Iraq.

Gracias porque su posición hizo que el ministro de Asuntos Exteriores de Francia, el señor Dominique de Villepin, en su discurso contra la guerra, tuviera el honor de ser aplaudido en el pleno... honor que, por lo que sé, sólo había ocurrido una vez en la historia de las Naciones Unidas, con ocasión de un discurso de Nelson Mandela.

Gracias, porque, con sus gestiones en pro de la guerra, por primera vez las naciones árabes –generalmente divididas– se mostraron unánimes al condenar una invasión, durante la reunión celebrada en El Cairo, en la última semana de febrero.

Gracias, porque, gracias a su retórica al afirmar que «las Naciones Unidas tienen una oportunidad de mostrar su pertinencia», incluso los países más reacios acabaron adoptando una posición en contra de un ataque a Iraq.

Gracias, porque su política exterior ha hecho declarar al ministro de Asuntos Exteriores de Inglaterra, Jack Straw, en pleno siglo XXI, que «una guerra puede tener justificaciones morales»... y, al declarar eso, perder todo su crédito.

Gracias por intentar dividir a una Europa que lucha por su unificación; ha sido un aviso que se tendrá en cuenta.

Gracias por haber conseguido lo que pocos han logrado en este siglo: unir a millones de personas, en todos los continentes, en una lucha por la misma idea... aunque sea opuesta a la suya.

Gracias por hacernos sentir de nuevo que, aun cuando no se

escuchen nuestras palabras, al menos son pronunciadas… y eso nos dará más fuerza en el futuro.

Gracias por pasarnos por alto, por marginar a todos cuantos han adoptado una actitud contra su decisión, pues de los excluidos es el futuro de la Tierra.

Gracias, porque, sin usted, no habríamos conocido nuestra capacidad de movilización. Tal vez no sirva para nada en el presente, pero seguramente será útil más adelante.

Ahora que los tambores de la guerra parecen sonar de forma irreversible, quiero hacer mías las palabras que un antiguo rey europeo dirigió a un invasor: «Que tenga una mañana hermosa, que el sol brille en las armaduras de sus soldados… porque durante la tarde lo derrotaré.»

Gracias por permitirnos a todos nosotros, un ejército de seres anónimos que pasean por las calles intentando parar un proceso ya en marcha, tener conocimiento de lo que es la sensación de impotencia y aprender a lidiar con ella y transformarla.

Por tanto, aproveche su mañana y la gloria que aún pueda brindar.

Gracias por no habernos escuchado y no habernos tomado en serio. Pues sepa que nosotros lo escuchamos y no olvidaremos sus palabras.

Gracias, gran dirigente George W. Bush.

Muchas gracias.

En la época en que se encontraba en una base aérea en África, el escritor Saint-Exupéry hizo una colecta entre sus amigos, pues un empleado marroquí quería volver a su ciudad natal. Consiguió juntar mil francos.

Uno de los pilotos transportó al empleado hasta Casablanca y, al volver, contó lo sucedido:

—En cuanto llegó, se fue a comer al mejor restaurante, distribuyó propinas generosas, pagó bebidas para todo el mundo, compró juguetes para los niños de su aldea. Ese hombre no tenía el menor sentido de la economía.

—Al contrario —respondió Saint-Exupéry—. Sabía que la mejor inversión del mundo son las personas. Gastando así, consiguió de nuevo ganarse el respeto de sus compatriotas, que acabaron dándole empleo. A fin de cuentas, sólo un vencedor puede ser tan generoso.

La tercera pasión

Durante los quince últimos años, recuerdo haber vivido sólo tres pasiones avasalladoras... aquellas sobre las cuales lo lee uno todo, conversa compulsivamente al respecto, busca personas con la misma afinidad, se duerme y se despierta pensando en ellas. La primera fue cuando compré un ordenador, abandoné para siempre la máquina de escribir y descubrí la libertad que me permitía (escribo ahora en una pequeña ciudad francesa, usando un instrumento que pesa menos de un kilo y medio, contiene diez años de vida profesional y puedo encontrar lo que necesito en menos de cinco segundos). La segunda fue cuando entré por primera vez en Internet, que ya en aquella época era una biblioteca mayor que la mayor de todas las bibliotecas.

Pero la tercera pasión nada tiene que ver con avances tecnológicos. Se trata de... arco y flecha. En mi juventud, leí un libro fascinante: *Zen en el arte del tiro con arco* de Eugen Herrigel (2), en el que contaba su recorrido espiritual mediante ese deporte. La idea se quedó grabada en mi subconsciente hasta que un día, en las montañas de los Pirineos, conocí a un arquero. Charla va, charla viene, me prestó su material y a partir de ahí ya no conseguí vivir sin practicar el tiro al blanco casi todos los días.

En Brasil, hice un *stand* de tiro en mi piso (de los que se pueden desmontar en cinco minutos, cuando llegan las visitas). En

(2) Eugen Herrigel, *Zen en el arte del tiro con arco*, Móstoles, Gaia Ediciones, 2005.

las montañas francesas, salgo todos los días a practicar, cosa que me ha llevado dos veces a la cama... con hipotermia, ya que estuve más de dos horas expuesto a una temperatura de –6 ºC. Este año he participado en el Foro Económico Mundial de Davos, gracias a analgésicos fortísimos; dos días antes, a causa de una posición incorrecta del brazo, tuve una dolorosa inflamación muscular.

¿Y en qué estriba la fascinación de todo eso? No hay nada práctico en el tiro al blanco con arco y flecha, armas que se remontan a treinta mil años antes de Cristo, pero Herrigel, quien me despertó la pasión, sabía de lo que hablaba. A continuación transcribo fragmentos de *Zen en el arte del tiro con arco* (que se pueden aplicar a varias actividades de la vida diaria):

En el momento de mantener la tensión, se debe centrarla sólo en aquello que necesitas usar; por lo demás, economiza tus energías, aprende (con el arco) que, para alcanzar algo, no es necesario hacer un movimiento gigantesco, sino centrarse en el objetivo.

Mi maestro me dio un arco muy rígido. Pregunté por qué empezaba a enseñarme como si yo fuera un profesional. Respondió: «Quien comienza con cosas fáciles, no queda preparado para los grandes desafíos. Es mejor saber en seguida qué tipo de dificultad encontrará en el camino.»

Durante mucho tiempo tiraba y no conseguía abrir el arco del todo, hasta que un día el maestro me enseñó un ejercicio de respiración y todo resultó fácil. Pregunté por qué tardó tanto en corregirme. Respondió: «Si desde el comienzo te hubiera enseñado los ejercicios respiratorios, te habrían parecido innecesarios. Ahora creerás en lo que te digo y practicarás como si fuera realmente importante. Quien sabe educar actúa así.»

El momento de soltar la flecha se produce de forma instintiva, pero antes es necesario conocer bien el arco, la flecha y el blanco. En los desafíos de la vida el golpe perfecto también se basa en la intuición; ahora bien, sólo podemos olvidar la técnica después de dominarla completamente.

Después de cuatro años, cuando ya podía dominar el arco, el maestro me felicitó. Yo me alegré y dije que ya había llegado a la mitad del camino. «No –respondió el maestro–. Para no caer en trampas traicioneras, es mejor considerar la mitad del camino el punto que alcanzas después de recorrer el 90 % del recorrido.»

¡ATENCIÓN! El uso del arco y las flechas es peligroso, en algunos países (como Francia) está clasificado como arma, sólo se puede practicar después de haber obtenido un permiso y sólo en lugares expresamente autorizados.

Estaba yo hablando con un sacerdote católico y un muchacho musulmán durante un almuerzo. Cuando el camarero pasaba con una bandeja, todos se servían, menos el musulmán, que hacía el ayuno anual prescrito en el Corán.

Cuando terminó el almuerzo y salieron las personas, uno de los convidados no dejó de criticar:

—¡Fíjese qué fanáticos son los musulmanes! Menos mal que ustedes nada tienen en común con ellos.

—Sí que tenemos —dijo el padre—. Él intenta servir a Dios igual que yo. Sólo que seguimos leyes diferentes.

Y concluyó:

—Es una lástima que las personas sólo vean las diferencias que las separan. Si mirasen con más amor, discernirían principalmente lo que tienen en común... y la mitad de los problemas del mundo quedarían resueltos.

−¿Qué opina de la princesa Martha-Louise?

El periodista noruego me entrevistaba a orillas del lago de Ginebra. Generalmente, me niego a responder a preguntas que no guardan relación con mi trabajo, pero en aquel caso su curiosidad tenía un motivo: la princesa, en el vestido que usó al cumplir treinta años, mandó bordar el nombre de varias personas que habían sido importantes en su vida... y entre esos nombres figuraba el mío (a mi mujer le pareció tan buena la idea que decidió hacer lo mismo al cumplir cincuenta años e incluyó, «inspirada por la princesa de Noruega», en uno de los bordes de su vestido mi nombre).

−Me parece una persona sensible, delicada, inteligente −respondí−. Tuve oportunidad de conocerla en Oslo, cuando me presentó a su marido, escritor como yo.

Hice una pausa, pero necesitaba seguir:

−Y hay algo que en verdad no entiendo: por qué la prensa noruega pasó a atacar la obra literaria de su marido después de que se casara con la princesa. Antes, las críticas eran positivas.

No era propiamente una pregunta, sino una provocación, pues ya me imaginaba la respuesta: la crítica cambió por envidia, el más amargo de los sentimientos humanos.

Ahora bien, el periodista fue más sutil:

−Porque transgredió la ley de Jante.

Evidentemente, yo jamás había oído hablar de eso y él me explicó lo que era. Al continuar el viaje, advertí que en todos los países de Escandinavia es difícil encontrar a alguien que no conozca esa ley. Aunque ya existía desde el comienzo de la civilización, hasta 1933 no fue enunciada oficialmente por el escritor Aksel Sandemose en la novela *En flyktning krysser sitt spor* [Un refugiado traspasa sus límites].

La triste comprobación es que la ley de Jante no se limita a Escandinavia; es una regla aplicada en todos los países del mundo, aunque los brasileños digan: «Eso sólo ocurre aquí» o los franceses afirmen: «En nuestro país, por desgracia, es así.» Como el lector debe de estar ya irritado por haber leído más de la mitad de lo que llevo escrito sin saber exactamente de qué trata la ley de Jante, voy a intentar resumirla aquí, con mis propias palabras:

«Tú no vales nada, nadie está interesado en lo que piensas, la mediocridad y el anonimato son la mejor opción. Si actúas así, nunca tendrás grandes problemas en tu vida.»

La ley de Jante sitúa en su marco el sentimiento de celos y envidia que a veces da mucho dolor de cabeza a personas como Ari Behn, el marido de la princesa Martha-Louise. Éste es uno de sus aspectos negativos, pero existe algo mucho más peligroso.

Gracias a ella, el mundo ha sido manipulado de todas las maneras por gente que no teme el comentario de los demás y acaba haciendo el mal que desea. Acabamos de presenciar una guerra inútil en Iraq, que sigue costando muchas vidas; vemos un gran abismo entre los países ricos y los países pobres, injusticia social por todos lados, violencia descontrolada, personas que se ven obligadas a renunciar a sus sueños por ataques injustos y cobardes. Antes de que comenzara la Segunda Guerra Mundial, Hitler dio varias señales de sus intenciones y lo que lo hizo avanzar fue saber que nadie se atrevería a desafiarlo a causa de la ley de Jante.

La mediocridad puede ser cómoda, hasta que un día la tragedia llama a la puerta y entonces las personas se preguntan: «Pero, ¿por qué nadie dice nada, cuando todo el mundo estaba viendo que eso iba a suceder?»

Muy sencillo: nadie dijo nada porque ellas tampoco dijeron nada.

Por tanto, para evitar que las cosas empeoren cada vez más, tal vez fuera el momento de escribir la antiley de Jante: «Tú vales mucho más de lo que piensas. Tu trabajo y tu presencia en esta Tierra son importantes, aunque no lo creas. Claro que, pensando así, puede que tengas muchos problemas por estar transgrediendo la ley de Jante... pero no te dejes intimidar por ellos, sigue viviendo sin miedo y al final vencerás.»

Estaba en la acera de la avenida Atlántica, con un violín y un cartel escrito a mano: «Vamos a cantar juntos.»

Empezó a tocar sola. Después llegó un borracho y otra viejecita y se pusieron a cantar con ella. Al cabo de poco, una pequeña multitud cantaba y otra pequeña multitud hacía de público y aplaudía al final de cada número.

—¿Por qué hace esto? —le pregunté, entre una música y otra.

—Para no quedarme sola —dijo ella—. Mi vida es muy solitaria, como la de casi todos los viejos.

Ojalá todo el mundo decidiera resolver sus problemas de ese modo.

Hay momentos en que nos gustaría mucho ayudar a quien queremos mucho, pero no podemos hacer nada: o las circunstancias no permiten que nos acerquemos o la persona está cerrada a cualquier gesto de solidaridad y apoyo.

Entonces sólo nos queda el amor. En los momentos en que todo es inútil, aún podemos amar... sin esperar recompensas, cambios, agradecimientos.

Si conseguimos actuar de ese modo, la energía del amor empieza a transformar el universo que nos rodea. Cuando aparece esa energía, siempre consigue hacer su labor. «El tiempo no transforma al hombre. El poder de la voluntad no transforma al hombre. El amor transforma», dice Henry Drummond.

Leí en el periódico sobre una niña, en Brasilia, que fue brutalmente golpeada por sus padres. A consecuencia de ello, perdió los movimientos del cuerpo y se quedó sin habla.

Tras ser internada en el hospital de base, cuidaba de ella una enfermera que diariamente le decía: «Yo te amo.» Aunque los médicos aseguraban que no conseguía oírla y que sus esfuerzos eran inútiles, la enfermera seguía repitiendo: «Yo te amo, no lo olvides.»

Tres semanas después, la niña había recuperado los movimientos. Cuatro semanas después, volvía a hablar y a sonreír. La enfermera nunca concedió entrevistas y el periódico no publicaba su nombre... pero queda aquí constancia, para que no olvidemos nunca: el amor cura.

El amor transforma, el amor cura, pero a veces el amor construye trampas mortales y acaba destruyendo a la persona que decidió entregarse por entero. ¿Qué sentimiento complejo es ese que, en el fondo, es la única razón para que sigamos vivos, luchando, procurando mejorar?

Sería una irresponsabilidad intentar definirlo, porque, como todos los demás seres humanos, yo sólo he conseguido sentirlo. Se escriben millares de libros, se representan obras teatrales, se producen películas, se componen poemas, se tallan esculturas en madera o en mármol y, aun así, lo único que puede transmitir el artista es la idea de un sentimiento... no el sentimiento en sí.

Pero yo he descubierto que ese sentimiento está presente en las pequeñas cosas y se manifiesta en la más insignificante de las actitudes que adoptamos, por lo que es necesario tener siempre presente el amor cuando actuamos o dejamos de hacerlo.

Tomar el teléfono y decir la palabra cariñosa que aplazamos. Abrir la puerta y dejar entrar a quien necesita nuestra ayuda. Aceptar un empleo. Abandonar un empleo. Tomar la decisión que estábamos dejando para más adelante. Pedir perdón por un error que cometimos y que no nos deja en paz. Exigir un derecho que tenemos. Recurrir con frecuencia a la floristería más que a la joyería. Poner la música muy alta cuando la persona amada esté lejos, bajar el volumen cuando esté cerca. Saber decir «sí» y «no», porque el amor contiende con todas las energías del hombre. Descubrir un deporte que puedan practicar dos al mismo tiempo. No seguir ninguna receta ni siquiera las que figuran en este párrafo... porque el amor necesita creatividad.

Y, cuando nada de eso sea posible, cuando lo que queda sólo es soledad, entonces recordar una historia que un lector me envió en cierta ocasión:

Una rosa soñaba día y noche con la compañía de las abejas, pero ninguna acudía a posarse en sus pétalos.

Sin embargo, la flor seguía soñando: durante sus largas noches, imaginaba un cielo en el que volaban muchas abejas, que acudían, cariñosas, a besarla. De ese modo, conseguía resistir hasta el próximo día, cuando volvía a abrirse con la luz del sol.

Una noche, al enterarse de la soledad de la rosa, la luna preguntó:

—¿No estás cansada de esperar?

—Tal vez, pero necesito seguir luchando.

—¿Por qué?

—Porque, si no me abro, me muero.

En los momentos en que la soledad parece menoscabar toda la belleza, la única forma de resistir es seguir abierto.

William Blake dice en uno de sus textos: «Todo aquello que hoy es una realidad, antes era sólo parte de un sueño imposible.» Y, por eso, tenemos hoy el avión, los vuelos espaciales, el ordenador en el que estoy escribiendo en este momento, etcétera. En su famosa obra maestra *Alicia a través del espejo* hay un diálogo entre el personaje principal y la reina, que acababa de contar algo extraordinario.

—No puedo creerlo —dice Alicia.

—¿No puedes? —repite la reina con expresión triste—. Inténtalo otra vez: respira hondo, cierra los ojos y cree.

Alicia se ríe.

—No sirve intentarlo. Sólo los tontos creen que pueden ocurrir cosas imposibles.

—Me parece que lo que te pasa es que te falta un poco de práctica —responde la reina—. Cuando yo tenía tu edad, me ejercitaba al menos media hora al día: después de tomar el café por la mañana, hacía lo posible para imaginar cinco o seis cosas increíbles que podrían cruzarse en mi camino y hoy veo que la mayor parte de las cosas que imaginé se han vuelto realidad. Incluso yo me he vuelto reina gracias a eso.

La vida nos pide constantemente: «¡Cree!» Creer que un milagro puede suceder en cualquier momento es necesario para nuestra alegría, pero también para nuestra protección o para justificar nuestra existencia. En el mundo de hoy, mucha gente considera imposible acabar con la miseria, tener una sociedad justa, disminuir la tensión religiosa que parece aumentar todos los días.

La mayoría de las personas evita la lucha con los más diversos pretextos: conformismo, madurez, sentido del ridículo, sensación de impotencia. Vemos que se cometen injusticias con nuestro prójimo y nos quedamos callados. «No voy a meterme en berenjenales», es la explicación.

Se trata de una actitud cobarde. Quien recorre un camino espiritual lleva consigo un código de honor que debe cumplir; la voz que clama contra lo que está mal siempre es oída por Dios.

Aun así, de vez en cuando oímos el siguiente comentario:

«Vivo creyendo en sueños, muchas veces procuro luchar contra la injusticia, pero siempre acabo decepcionado.»

Un Guerrero de la Luz sabe que ciertas batallas imposibles merecen ser reñidas, razón por la cual no teme a las decepciones... ya que conoce el poder de su espada y la fuerza de su amor. Rechaza con vehemencia a quienes son incapaces de adoptar decisiones y están siempre procurando transferir a otros la responsabilidad de todo lo malo que sucede en el mundo.

Si no lucha contra lo que está mal –aunque parezca superior a sus fuerzas–, jamás encontrará el camino correcto.

Arash Hejasi me envió una vez un texto que decía así:

Hoy, mientras caminaba por la calle, me ha cogido por sorpresa un aguacero. Gracias a Dios llevaba el paraguas y la capa. Ahora bien, los dos estaban en el maletero del coche, aparcado muy lejos. Mientras corría para cogerlos, pensaba en la extraña señal que estaba recibiendo de Dios: siempre tenemos los recursos necesarios para afrontar las tempestades que la vida nos prepara, pero la mayoría de las veces esos recursos están encerrados en el fondo de nuestro corazón y eso nos hacer perder un tiempo enorme intentando encontrarlos. Cuando los encontramos, ya nos ha derrotado la adversidad.

Por tanto, estemos siempre preparados: de lo contrario, o perdemos la oportunidad o perdemos la batalla.

Sé que viene una tormenta porque la veo a lo lejos, veo lo que sucede en el horizonte. Claro, la luz ayuda un poco: es el fin del atardecer, lo que refuerza el contorno de las nubes. Veo también la claridad de los rayos.

Ningún ruido. El viento no sopla ni más fuerte ni más fresco que antes, pero sé que viene una tormenta, porque acostumbro a mirar el horizonte.

Dejo de caminar; nada más excitante o aterrador que mirar una tormenta que se acerca. El primer pensamiento que se me ocurre es el de buscar abrigo, pero eso puede ser peligroso. El abrigo puede ser una trampa... dentro de poco el viento empezará a soplar y será lo bastante fuerte para arrancar tejados, romper ramas, destruir cables de alta tensión.

Me acuerdo de un viejo amigo que, de niño, vivía en Normandía y pudo presenciar el desembarco de las tropas aliadas en la Francia ocupada por los nazis. No olvido sus palabras:

«Me desperté y el horizonte estaba repleto de buques de guerra. En la playa al lado de mi casa, los soldados alemanes contemplaban la misma escena que yo, pero lo que más me aterraba era el silencio. Un silencio total, el que precede a un combate de vida o muerte.»

Ese mismo silencio es el que me rodea y poco a poco queda sustituido por el sonido —muy suave— de la brisa en los campos de maíz a mi alrededor. La presión atmosférica está cambiando. La tormenta está cada vez más cerca y el silencio empieza a quedar sustituido por el suave rumor de las hojas.

Ya he presenciado muchas tormentas en mi vida. La mayoría de ellas me cogieron por sorpresa, por lo que hube de aprender –y muy rápido– a mirar más lejos, a entender que no puedo controlar el tiempo, a ejercitar el arte de la paciencia y a respetar la furia de la naturaleza. Las cosas no siempre suceden como yo deseo y es mejor acostumbrarme a ello.

Muchos años atrás, compuse una canción que decía: «Yo perdí el miedo a la lluvia / pues la lluvia, al volver a la tierra, trae cosas del aire.» Mejor dominar el miedo. Ser digno de lo que escribí y entender que, por terrible que sea el vendaval, en algún momento pasará.

El viento ha aumentado de velocidad. Estoy en un campo abierto, hay árboles en el horizonte que, al menos teóricamente, atraerán a los rayos. Mi piel es impermeable, aunque mi ropa esté empapada. Por tanto, es mejor disfrutar de esta visión, en lugar de salir corriendo en busca de seguridad.

Pasa otra media hora. Mi abuelo, ingeniero, gustaba de enseñarme las leyes de la física, mientras nos divertíamos: «Después de ver el rayo, cuenta los segundos y multiplica por 340 metros, que es la velocidad del sonido. Así, siempre sabrás la distancia de los truenos.» Un poco complicado, pero me acostumbré a hacerlo desde niño: en este momento la tormenta está a dos kilómetros de distancia.

Aún hay claridad suficiente para que pueda ver el contorno de las nubes que los pilotos de avión llaman de CB: cumulus nimbus. Tiene forma de bigornia, como si un herrero estuviera martillando los cielos, forjando espadas para dioses enfurecidos, que en este momento deben de estar sobre la ciudad de Tarbes.

Veo la tormenta que se aproxima. Como todas las tormentas, trae destrucción... pero al mismo tiempo moja los campos y la sabiduría del cielo desciende con su lluvia. Como todas las tormentas, debe pasar. Cuanto más violenta, más rápida.

Gracias a Dios, aprendí a afrontar las tormentas.

Y terminamos este libro con plegarias...

*Mejor que, en lugar de mil palabras,
hubiera sólo una, pero que trajera paz.
Mejor que, en lugar de mil versos,
hubiese sólo uno, pero que mostrara la belleza.
Mejor que, en lugar de mil canciones,
hubiera sólo una, pero que derramara alegría.*

Dhammapada (atribuida a Buda)

*Ahí fuera, además de lo cierto y lo errado, existe un campo
inmenso.
Allí nos encontraremos.*

Mevlana Jelaluddin Rumi, siglo XIII

*¡Oh, Alá! Yo te escucho, porque lo sabes todo y conoces incluso
lo que está oculto.
Si lo que hago es bueno para mí y para mi religión, para mi vida
de ahora y después, pues que la tarea sea fácil y bienaven-
turada.
Si lo que hago ahora es malo para mí y para mi religión, para mi
vida y después, mantenme lejos de esa tarea.*

Profeta Mahoma, siglo VII

Pide y recibirás.
Busca y encontrarás.
Llama y la puerta se abrirá.
Porque quien pide recibe; quien busca encuentra; a quien llama
se le abre la puerta.

Jesús de Nazaret, Mateo 7; 7-8

Vamos a la montaña del Señor, donde podremos caminar con
Él. Transformemos nuestras espadas en arados y nuestras
lanzas en recogedores de fruta.
Que ninguna nación levante su espada contra otra y que nunca
aprendamos el arte de la guerra.
Y nadie debe temer a su vecino, porque así lo dijo el Señor.

Plegaria judaica por la paz

Para que haya paz en el mundo, es necesario que las naciones
vivan en paz.
Para que haya paz entre las naciones, las ciudades no deben
alzarse una contra otra.
Para que haya paz en las ciudades, los vecinos deben entenderse.
Para que haya paz entre los vecinos, es necesario que reine
armonía en el hogar.
Para que haya paz en casa, es necesario encontrarla en el corazón
propio.

LAO TSÉ, China, siglo VI a.C.

Índice

Prefacio   7
Un día en el molino 11
El hombre que seguía sus sueños. 15
El Mal quiere que se haga el Bien 19
Preparado para el combate, pero con dudas . . . 21
El camino del tiro con arco 25
La historia del lápiz 29
Manual para subir montañas 31
De la importancia del título 35
En un bar de Tokio 39
De la importancia de la mirada 43
Gengis Jan y su halcón 47
Contemplando el jardín ajeno 51
La caja de Pandora 53
El todo puede estar en un pedazo 57
La música que llegaba de la capilla 59
La Piscina del Diablo 63
El muerto que vestía pijama 65
La brasa solitaria 69
Manuel es un hombre importante y necesario . . . 71
Manuel es un hombre libre 75
Manuel va al Paraíso 79
Una conferencia en Melbourne 81
El pianista en el centro comercial 83
Rumbo a la feria del libro de Chicago 87

De bastones y reglas 89
El pan que cayó por donde no debía 93
De libros y bibliotecas 95
Praga, 1981 99
Para una mujer que es todas las mujeres 101
Alguien llega de Marruecos 105
Mi entierro 107
Restaurar la tela 111
Al fin y al cabo, éstos son mis amigos 113
¿Cómo es que sobrevivimos? 115
Marcado para morir 119
El momento de la aurora 123
Un día cualquiera de enero de 2005 125
Un hombre tumbado en el suelo 129
El azulejo que faltaba 133
Raj me cuenta una historia 135
El otro lado de la Torre de Babel 137
Antes de una conferencia 141
Sobre la elegancia 143
Nhá Chica de Baependi 147
Reconstruir la casa 151
La oración que olvidé 153
Copacabana, Río de Janeiro 155
Vivir su propia Leyenda 157
La importancia del gato en la meditación 159
No puedo entrar 163
Estatutos del nuevo milenio 165
Destruir y reconstruir 167
El Guerrero y la fe 169
En el puerto de Miami 173
Actúa por impulso 175
De la gloria transitoria 177
De la caridad amenazada 181
Las brujas y el perdón 183
Sobre el ritmo y el Camino 187

Viajar de forma diferente 189
Un cuento de hadas 193
Al mayor de los escritores brasileños 197
Del encuentro que no sucedió 199
La pareja que sonreía (Londres, 1977) 201
La segunda oportunidad 203
El australiano y el anuncio del periódico 207
El llanto del desierto 209
Isabella vuelve de Nepal 211
Del arte de la espada 213
En las Montañas Azules 215
El sabor del triunfo 217
La ceremonia del té 219
La nube y la duna 221
Norma y las cosas buenas 225
21 de junio de 2003, Jordania, mar Muerto 227
En el puerto de San Diego (California) 231
El arte de la retirada 233
En medio de la guerra 235
El militar en el bosque 237
En una ciudad de Alemania 239
Encuentro en la Galería Dentsu 241
Reflexiones sobre el 11 de septiembre de 2001 . . . 243
Las señales de Dios 247
Solitario en el camino 249
Lo divertido en el hombre 253
La vuelta al mundo después de muerta 255
¿Quién desea aún este billete? 257
Las dos joyas 259
Engañarse a sí mismo 261
El arte de tentar 263
De las trampas de la búsqueda 265
Mi suegro, Christiano Oiticica 269
Gracias, presidente Bush 271
El empleado inteligente 275

La tercera pasión 277

El católico y el musulmán. 281

La ley de Jante 283

La vieja en Copacabana 287

Permanecer abiertos al amor 289

Creer en lo imposible 293

Se aproxima la tormenta 295

Y terminamos este libro con plegarias... 297